LA FE MEDITADA

RICARDO SADA FERNÁNDEZ

LA FE MEDITADA

EDICIONES RIALP
MADRID

© 2024 *by* Ricardo Sada Fernández
© 2024 *by* EDICIONES RIALP, S.A.,
Manuel Uribe 13-15 - 28033 Madrid
(www.rialp.com)

ISBN (edición impresa): 978-84-321-6832-1
ISBN (edición digital): 978-84-321-6833-8
ISBN (edición bajo demanda): 978-84-321-6834-5
ISNI: 0000 0001 0725 313X
Depósito legal: M-15561-2024

Impreso en España   *Printed in Spain*
Anzos, S.L. - Fuenlabrada (Madrid)

ÍNDICE

PRESENTACIÓN

Como un maravilloso collar de perlas, las verdades de la fe católica se ofrecen a nuestra inteligencia para ser creídas. Buscando que desciendan a la vida, las meditamos.

Los destellos de esas perlas son inagotables. Ofrecemos aquí tan solo unos pocos. Quizá algunos de ellos podrían inspirar al lector para descubrir otros.

1. LA REVELACIÓN DEL AMOR DIVINO

La revelación judeocristiana es la revelación del Amor con que Dios nos ama. Este Amor será siempre nuestro asombro: rebasa cuanto podemos soñar o imaginar. Para conocer a fondo el Amor de Dios necesitaríamos ser Dios, y por eso tampoco comprendemos del todo las expresiones de ese Amor.

El primer acto en que se revela ese Amor es la creación. Dios está presente en las cosas más que las cosas mismas; está en mí más que yo mismo. Los teólogos la llaman *presencia de inmensidad*, y explican que adopta tres modalidades. La primera, *presencia de conocimiento*, en cuanto nada escapa a la visión divina: Dios conoce lo íntimo de cada corazón. La segunda, que Dios está presente en todo con una *presencia de fuerza*, pues da a los seres su actividad: hace a la vid dar uvas y rosas al rosal. También está presente con una *presencia de esencia*, en cuanto otorga y mantiene a las cosas en su ser. Tales son los tres aspectos de la presencia de Dios en su acto creador.

Pero en realidad tenemos que confesar que cuando hablamos de Dios resulta muy difícil expresarnos bien. Él siempre supera nuestros modos de comprender y de decir. En las frases anteriores, por ejemplo, dijimos "Dios está presente en todas las cosas". Es una frase mal construida, como si dijéramos "Cristo nació el día de Navidad" o "el sol sale cuando amanece". Deberíamos decir con más propiedad: "La presencia de Dios hace que las cosas sean". O bien, "su presencia crea el espacio", o "las fuerzas del Universo son las suyas". Lo mismo cuando decimos "Dios es Amor", no nos estamos limitando a decir que Él ama, sino mucho más: que su Amor *crea* amor, que despierta todos los otros amores, los multiplica, los diversifica, los proyecta a la eternidad. Amando Él infinitamente somos capaces de amar a otros, nos asocia a su actividad amorosa, su felicidad nos hace felices. Y así siempre y en todo, pues un Ser infinito lo envuelve y lo principia todo. Cristo no nació el día de Navidad; la Navidad es tal porque ese día nació Cristo. El sol no sale cuando amanece, sino amanece cuando sale el sol. Dios está en cada una de las cosas y por eso las cosas son.

Hay, pues, una presencia de Dios en todo ser, que la teología llama *presencia de inmensidad*. Pero hay un segundo acto de Dios, un acto de su amor más desconcertante todavía. Algo así como a la madre que no le resulta suficiente tener cerca al niño que ha traído al mundo, sino que lo estrecha contra su corazón. Dios va a unirse de una manera nueva a los seres espirituales que se abren a Él. Esta presencia misteriosa, escondida, se llama *presencia de inhabitación*. De esta segunda manera no puede Dios habitar en las cosas materiales, pero allá donde haya un espíritu podrá descender y conversar con él. Esta presencia de inhabitación es una presencia de conocimiento y amor, y se produce cuando Dios infunde su gracia en ese espíritu. Esto es así porque las tres Personas divinas han hecho de esa alma su morada.

Estos dos modos de presencia divina obedecen a las dos clases de Amor de Dios. Hay un Amor (al que santo Tomás llama *amor común*), con el que Dios ama a la gota de agua, al camello, a la estrella, al impulso eléctrico... Él los creó: existen porque los ama, existen por un acto de amor y de volición divinos. Dios ama así, con este amor común, a todo lo que es. También el hombre pecador tiene su ser, y también el demonio, y ese ser no subsistiría si Dios no continuara deseándolo. Lo malo en ellos no es su ser sino su voluntad perversa, es decir, el acto por el que rechazan el amor especial que se les ofrece. Pero su ser mismo es una riqueza, una participación del Ser divino. En este sentido se dice que el amor común de Dios se extiende a todo lo que existe en tanto que existe: también al demonio y al más abyecto pecador.

Al modo de Amor divino que se origina por la inhabitación, santo Tomás lo llama *amor especial*. Por este Amor, Dios eleva a la criatura espiritual sobre las capacidades de su naturaleza, revistiéndola de una nueva, sobre excelente, introduciéndola en un inimaginable universo de amor envolvente. La hace partícipe de la vida divina al infundir en ella la *gracia creada* o *gracia santificante*. A nosotros, seres espirituales, Dios nos ha creado para amarnos así.

A ese Amor que Dios vuelca sobre nuestra alma cuando vive en ella, los teólogos lo denominan, dijimos, *gracia santificante*. Por la gracia santificante somos capaces de gozar de la vida de Dios, puesto que por ella nos ha hecho sus hijos. Si morimos en ese estado, por esa gracia Dios hará que vivamos eternamente en su intimidad dichosa. Sin embargo, debido al pecado original, sin ella se encuentra el alma cuando nace. Sin ella está oscura y vacía, muerta sobrenaturalmente. Por nuestra propia naturaleza, nosotros, los seres humanos, no tenemos derecho a la visión directa de Dios que constituye la felicidad esencial del cielo. Ni siquiera Adán y Eva antes de su caída tenían derecho alguno a la gloria. Ni siquiera el más perfecto de los serafines. El alma humana, en su estado puramente natural, carece del poder de ver a Dios; simplemente no tiene capacidad para esa unión con Él tan íntima y personal.

Pero Dios no dejó al hombre en su estado puramente natural. En su infinita bondad, le dio *lo más posible*. Dotó a Adán con todo lo propio de un ser humano, y luego fue más allá y confirió a su alma una elevación, cierta cualidad o poder que le permitiría vivir en íntima unión con Él desde esta vida. Esta especial cualidad del alma, esta comunicación de vida divina es, repetimos, la *gracia*, o más exactamente, la *gracia santificante*.

Dios tomó asiento en el alma de Adán, inhabitó en ella. Como el amanecer irradia luz y calor al ambiente circundante, así Dios comunicó al alma de Adán la fuerza y el amor de su misma vida divina. Ciertamente, la luz solar no es el sol, pero es el resultado de su presencia. El hierro al rojo no es el fuego, pero es su efecto y en todo semejante a él. La gracia santificante es distinta de Dios, pero fluye de Él y es resultado de su presencia en el alma.

Sin embargo, a pesar de la grandiosidad del don recibido de Dios, para muchos de nosotros el primer escollo será el mismo nombre: *gracia*. Este vocablo teológico nos parecerá un tanto frío, remotamente emparentado con lo "gratuito" y con lo "grato". Pudiera ser una expresión, diríamos hoy, con poco *marketing*. San Juan Pablo II sugiere otra, que de entrada nos dirá más: la gracia como el don de Sí, el regalo de Dios que es Dios mismo, «la gratuita entrega de Sí mismo»[1]. Ante este acto de donación total de Dios a cada uno, santa Catalina de Siena exclama asombrada: «¡Oh abismo, oh Deidad eterna, oh Mar profundo! ¿Qué más podrías darme que darte a Ti mismo?»[2].

El amor siempre busca la donación; a mayor amor, mayor donación. Si es infinito, la donación tampoco tiene límites. Por eso Dios no se detiene en la concesión de sus dones: no da cosas, se da Él mismo. También el amor humano atisba el deseo de no ser para el amado nada distinto al propio amante. En lo finito del amor humano tal pretensión es imposible,

---

[1] San Juan Pablo II, *Carta a los jóvenes*, 31-III-1985, n.º 14.
[2] Santa Catalina de Siena, *El Diálogo*, 167.

pero no para el Amor omnipotente. Aunque al amor finito le quede el recurso de la expresión de un ansia así:

¿Regalo, don, entrega? / Símbolo puro, signo / de que me quiero dar (...) / Cómo quisiera ser / eso que yo te doy / y no quien te lo da[3].

Entonces podemos decir (aunque parezca una barbaridad), que al crecer en gracia "crecemos en Dios", somos más su imagen y semejanza, somos "más Dios". Decir que nuestra alma participa —debido a la gracia santificante— de la naturaleza divina, es tanto como asegurar que nuestra condición es la propia de Dios. Él no nos ha dado un regalo mejorable: se nos da Él y, entonces, nos diviniza: la gracia es el efecto creado de la misma realidad de Dios en nosotros. Desde los primeros siglos los Padres de la Iglesia se regocijan al recordarnos esta verdad: «La divinización es la asimilación y la unión más íntima y posible con Dios»[4]. «El Espíritu Santo es fuente de un gozo sin fin que consiste en la asimilación de Dios. ¡Convertirse en Dios! Nada puede apetecerse de más bello»[5].

---

[3] Pedro Salinas, *La voz a ti debida.*
[4] Pseudo Dionisio, *Eccles. hier.,* c. 1, & 2.
[5] San Basilio, *De Spiritu Sancto,* c. 9, n.º 23.

...La gracia que me diste desde mi bautismo —podemos decirle a Dios— *me hace vivir tu vida, vida que en su perfección me diviniza más y más, hasta hacerme Tú mismo...*

Cuando nos detenemos —aunque sea unos segundos— a considerar estas verdades, terminamos por preguntarnos cómo es que hasta ahora no les hemos dado más importancia. No solo por el estupor que puede invadirnos en caso de hacerlo, sino porque muy posiblemente nuestra existencia tomará una dimensión muy por encima de la que solemos darle: llegaríamos sencillamente a transcurrir instante tras instante con la más amable de las presencias.

2. EL DON DE DIOS QUE ES DIOS MISMO

Decíamos que Dios está presente en nosotros como Creador con su presencia de "inmensidad", pero sobre todo por la presencia suya de "inhabitación" cuando nuestra alma se encuentra en estado de gracia. Dios no da como damos nosotros, restringidamente, sino como Él es, y por eso nos da a medida de la grandeza de su Amor. Con la gracia nos introduce en su misma vida.

Mayor a cualquier regalo imaginable, la gracia que Dios infunde en nuestra alma nos hace participar de la naturaleza divina, dándonos así la alegría de tratarlo familiarmente. Tan realmente, tan sustancialmente como los bienaventurados poseen a Dios, lo poseemos nosotros desde el momento en que nuestra alma recibió la gracia. Cuando lleguemos a la vida eterna no será necesario voltear a derecha o a izquierda, todo el cielo brotará de las profundidades de nuestro ser. En último término, el cielo y el alma en gracia son una misma cosa, porque Dios está en el alma: solo hace falta que llegue el día de la cosecha.

Y es que al otorgarnos Dios nuestra nueva naturaleza, no solo nos introduce en su casa, ni se conforma tan solo con sentarnos en su trono real haciéndonos participar de su banquete. Podría habernos dejado —sin menoscabo para nuestra condición creatural— en la puerta de su palacio, prohibiéndonos la entrada, a una distancia respetable. Nosotros nos quedaríamos allí muy conformes, con un nivel de felicidad natural bastante aceptable, admirando la grandeza de sus obras, la hermosura de su mansión y el poder de su brazo. Con este asombro agradecido viviríamos pasmados y complacidos ante un Creador tan inmenso. Y no habría más en nuestra historia si Él tan solo se hubiera conformado con hacernos conocer su Ser a través de la Revelación, si se hubiera contentado solo con hablarnos de Él.

Pero no: Dios ha ido más lejos, más lejos incluso de cuanto hubiéramos soñado. No solo ha querido hacernos vivir en el interior de su castillo, darnos a conocer sus secretos reales y nombrarnos herederos de todas sus posesiones. En un prodigio de magnanimidad, nos comunicó su propia vida. A partir de nuestro bautismo, ningún pensamiento, ningún afecto, ningún acto tienen ya el derecho de ser desgajados de ese *nuevo yo* que nació en cada uno. Nuestro obrar es propio de cada uno, sí, pero mejor aún y en un sentido más pleno, es del Espíritu de Cristo, es de Dios. Así venimos a resultar nosotros —porque todo lo de Él es nuestro— poseedores del Universo entero, incluido este mundo terreno, el celestial y todos los posibles: «Todas las cosas son vuestras, vosotros sois de Cristo, y Cristo es de Dios»[1].

Entonces atisbamos que su plan no pretende solo una introducción meramente externa en la intimidad divina, como un invitado que está fuera de lugar en una reunión y solo es aceptado por la condescendencia de los anfitriones. No. Cuando Dios nos infunde su gracia, *nos cambia el ser*: Él por nosotros, su vida por la nuestra, en plenitud de comunicación y de unión, en plenitud de intimidad. Somos, con todo derecho, de su estirpe, de su sangre: su casa y su reino son ahora nuestro hogar. Podemos entonces gozar de su propia belleza —que ahora vemos esparcida y suavizada, porque su despliegue completo no soportaríamos— y gozar del gozo con el que Él es eternamente feliz: «Como el Padre me ha amado,

---

[1] *I Corintios* 3, 23.

así os he amado Yo. Permaneced en mi amor...
Os he dicho esto para que mi alegría esté en
vosotros, y vuestra alegría sea plena»[2]. Dios es
capaz de dar como nosotros no somos capaces
de soñar o imaginar: «El gozo de tus santos
será inefable, Señor. Se regocijarán cuanto te
hubieren amado; te amarán cuanto te hubieren conocido»[3].

Es en este nivel donde debemos comprender
que el mundo de la oración, de la comunicación
entre Dios y cada uno de nosotros no se sitúa al
nivel de hipotéticas y sentimentales imaginacio-
nes: estamos haciendo que se despliegue la fuerza de esa semilla —la gracia, *el don de Dios que
es Dios mismo*— presente en nuestras almas. Es
otra vida la que desde muy lejos —y a la vez muy
cerca, en lo más profundo de nosotros— nos
vive. Esto a veces se manifiesta de algún modo
en el amor humano cuando —salvadas las distancias de la analogía— el amor de una madre o
de una esposa vivifican al marido o al hijo débil
o enfermo. Entonces ellos pueden salir adelante,
superar la flaqueza, recobrar la alegría de vivir.
La fuerza de ese amor es tanta, y de tal manera
incide en el amado, que no le permite abatirse,

---

[2] *Juan* 15, 9, 17.
[3] SAN ANSELMO, *Proslogion*, c. 26.

rendirse. Podemos en este punto preguntarnos si la devastadora fuerza del Amor divino no será capaz de hacer maravillas incomparablemente mayores con nosotros. Y acabaremos convencidos de que sí.

> ¡Qué alegría, vivir / sintiéndose vivido. / Rendirse / a la gran certidumbre, oscuramente, / de que otro ser, fuera de mí, muy lejos / me está viviendo![4]

Quizá en este punto nos invada la pena de notar lo poco que cuenta en nuestras vidas el más fundamental de los regalos divinos. Si quisiéramos, podríamos responder al Amor infinito de Dios en cada momento, siempre y cuando aprendamos habitualmente a descubrirlo. Deberíamos poner toda nuestra atención amorosa en el momento presente; tener "la devoción del momento presente" durante toda nuestra vida. Nada de lo pasado, nada tampoco del porvenir, solo el presente de Amor, porque en cada momento Dios nos ama y aguarda la respuesta de nuestro amor. Viviendo así, nunca tendríamos razón para aburrirnos, captados como estamos por el descubrimiento en cada instante del Amor

---

[4] PEDRO SALINAS, *La voz a ti debida*.

divino volcado sobre nosotros, ya que cada instante «recibimos de su plenitud»[5].

En esto podría radicar una comprensión profunda y entrañable de lo que supone estar en presencia de Dios, no entendida como una vaga referencia esporádica —decir a veces una jaculatoria, por ejemplo—. Se trata de estar adivinando el modo preciso con que en cada instante Dios nos ama. Su presencia no es jamás estática sino incesantemente actuante: no deja de *inventar* el don que más nos urge, y nosotros descubrimos que Él nos ama ahí de un modo nuevo. Experimentando el don de Dios nos parecerán pocas las estrellas y muchas las maneras de amar.

---

[5] *Juan* 1, 16.

3. CONSUMADOS EN LA UNIDAD TRINITARIA

Con las verdades que venimos exponiendo no nos queda sino aceptar que el destino sobre-humano al que estamos llamados debería defi-nir la vida de cada hombre. Destino que no es sino la unión plena con Dios por el amor. Ninguna palabra humana ha ido tan lejos sobre este pun-to como las declaraciones del mismo Jesús. Él nos habla no solo de que estamos llamados a la *unión* con Dios, sino a la *unidad*, y no a una unidad cualquiera, sino a la *consumación en la unidad* de la Trinidad: «Padre, Tú en mí y Yo en ti, que ellos también sean uno en nosotros»[6]. Dicho en palabras menos sublimes, estamos lla-mados a ser un solo viviente con Dios, no por-que Dios *nos añada* a Él como algo extrínseco, al modo como se cuelga un gancho en la pared. No. Dios *nos hace uno con Él,* nos introduce en

---

[6] *Juan* 17, 21.

su Ser íntimo, nos fusiona en Sí como la gota de agua en el mar, como la chispa en la hoguera.

La unión plena será consumada en la vida futura, pero comienza en la tierra cuando recibimos la gracia en las aguas santificadoras del bautismo. Santo Tomás de Aquino enseña que la Santísima Trinidad «es el fruto y el fin de la vida cristiana»[7]. Toda nuestra vida espiritual se reduce al hecho maravilloso que la Trinidad vive en nuestra alma —ese es su fruto—, y a esa Trinidad todos estamos destinados —es nuestro fin—. Dicho de otro modo: nuestra vida tendrá valor y plenitud si en ella se despliega más y más la Trinidad en nuestro ser. Y así, proporcionalmente, será esa la medida de nuestra eternidad —el fruto— al término de nuestro existir.

Dejemos por ahora los puntos de partida y de llegada. Veamos lo que ocurre en medio, es decir, lo que sucede en nuestra vida mortal respecto a la unión con la Santísima Trinidad cuando estamos en gracia. Dijimos que Dios puede estar presente de dos maneras en la realidad creada: una, la presencia de inmensidad o presencia creadora; la segunda, presencia de inhabitación, o presencia por conocimiento y amor. Con su presencia de inmensidad Dios se halla en todas

---

[7] Santo Tomás de Aquino, *In IV Sent.* I, dist. 2, q. 1, exo.

las cosas como Creador, de modo que la Trinidad está toda entera en el menor átomo del universo. La Iglesia proclama, en su liturgia, su fe en «la Trinidad creadora que gobierna el mundo, santa e indivisible»[8]. La Trinidad ha creado el Universo; Ella lo mantiene fuera de la nada, realiza el gobierno del mundo, la iluminación de los espíritus y la conducción de todos los seres a su fin. Existe, pues, un modo particular de estar la Trinidad en todo cuanto vemos, y también en la creación invisible, almas y ángeles. A este modo de estar presente la Santísima Trinidad se le llama, dijimos, presencia de inmensidad.

Aunque ya tratamos antes de la presencia por conocimiento y amor, volvemos a decir algunas palabras, para «que no nos imaginemos —decía Teresa a sus hijas— huecas en lo interior»[9]. Este tipo de presencia se da en el alma en gracia y consiste en la realidad inefable de la presencia trinitaria, presencia de la que podemos hablar mal y poco, porque nos supera. Sabemos que existe porque Jesús la reveló, pero es un tipo de

---

[8] *Antífona* del Trisagio a la Santísima Trinidad: «Bendita sea la santa e indivisible Trinidad, que todas las cosas crea y gobierna, ahora y siempre y por los infinitos siglos. Amén».

[9] SANTA TERESA DE JESÚS, *Camino de perfección* 48, 2.

presencia difícil comprender por lo grandiosa. Lo que sí podemos decir es que al estar en nosotros las tres Personas divinas, nuestra alma recibe el flujo de la vida intratrinitaria, es decir, de la comunicación de la misma vida de amor que se desarrolla en el interior de las Personas divinas. Gracias a la presencia de inhabitación, las Personas divinas no están inactivas en nuestra alma, sino que continúan la dinámica de su eterno proceso: el Padre realiza la eterna generación del Verbo; este, el Hijo o Verbo, es eternamente engendrado por el Padre y, del Amor sustancial entre ambos procede la eterna espiración del Espíritu Santo. Eso es lo que caracteriza la presencia de inhabitación y se da, dijimos, en toda alma que posee la gracia santificante.

Como tal prodigio ocurre en nuestra alma, y nuestra alma está toda en todo el cuerpo, podemos decir con absoluta seguridad (aunque sin comprenderlo del todo) que con ello queda nuestro ser divinizado, y somos de hecho —y no solo de nombre— verdaderos hijos de Dios. Tenemos la participación en esa Vida, con mayúscula, que nos ha introducido en una nueva y radical dimensión. La liberalidad divina nos ha hecho posible a nosotros, que no somos sino barro de la tierra, llegar a ser miembros de su casa, de su estirpe, depositarios de su herencia.

Con la gracia santificante y por derecho propio estamos autorizados a afirmar que la Trinidad es nuestra familia, y que vivimos desde ahora con los Tres en el mismo entrañable hogar, que es nuestra propia alma.

Este Misterio consolador —que la inefable Trinidad nos posesione, nos inunde, nos viva— es el mayor de cuantos prodigios podríamos nunca haber soñado. Santo Tomás de Aquino dice que «solo amándonos, nos podría dar [Dios] un bien tan grande»[10]. Si nos metiéramos habitualmente en el fondo de nuestro yo y contempláramos ahí, y conversáramos con cada uno de los Tres, lograríamos no solo gozar de tan excelsa compañía y tener paz en toda circunstancia, sino que acabaríamos por experimentar que esa vida intratrinitaria es lo único verdadero que en realidad existe. Porque es lo único que permanece para siempre.

Quizá nos ayude pensar que este misterio se parece al de la Eucaristía, pues en ambos Dios está escondido. También nos ayudará pensar que le cuesta menos venir a habitarnos a nosotros que transustanciarse en el pan. Al fin y al cabo, si Dios cambia la sustancia inerte y material del pan en su propia sustancia, ¿no le será

---

[10] Santo Tomás de Aquino, *Suma contra gentiles* 4, 21.

más fácil transformar la sustancia espiritual y viva que llamamos alma? ¿No resultaremos entonces nosotros una especie de sagrarios vivientes, portátiles, de la Trinidad Beatísima? Los copones contienen las hostias consagradas. Nuestros cuerpos son copones donde también Él mantiene su modo habitual de proceder, que es de silencio, de recato. Pero con una diferencia enorme. En los copones no se realiza ninguna transformación. En nuestras almas y en nuestros cuerpos, sí. Ellos no resultan divinizados por el contacto de aquello que guardan dentro; nosotros sí.

Este prodigio inefable nos fue anunciado por el mismo Jesús: «Si alguno me ama, guardará mi palabra, y mi Padre lo amará, y vendremos a él, y haremos en él nuestra morada»[11]. Tanto en la tradición mística de oriente como de occidente estas palabras han llegado a ser el fundamento de la espiritualidad cristiana (es decir, la razón que nos permite poder tratar con Dios a cada instante, y hacerlo con intimidad). Este vivir con las tres Personas divinas no está reservado a unos elegidos excepcionales. Es una invitación para todo cristiano, llamado a vivir desde su bautismo en la intimidad del

---

[11] *Juan* 14, 2.

Padre, y del Hijo, y del Espíritu Santo. Dios estaba ya presente, substancialmente, en lo más íntimo de nuestras almas y en todas las fibras de nuestro ser, por su contacto creador. Ahora, por la gracia, se hace nuestro Amado, el objeto constante, íntimamente presente, de nuestra contemplación. Esta contemplación trasciende el mundo efímero para fijarse en el invisible, y descansamos entonces en la posesión gozosa de Dios. Santa Isabel de la Trinidad recibió el don de vivirlo así: «En el cielo de su alma, la alabanza de gloria empieza ya su oficio de eternidad... Todos sus actos, todos sus movimientos, pensamientos, aspiraciones, mientras la enraízan más profundamente en el amor, son como un eco del *Sanctus* eterno»[12].

Dios reside en nuestra alma como reside en el Cielo: no es solamente la presencia del Creador y del Conservador que mantiene en el ser todas las cosas, sino la presencia de la Santísima y Adorable Trinidad. De intento lo repetimos, en ayuda de nuestra pobre comprensión de lo divino: viene el Padre a nosotros, y en nosotros enuncia una Palabra, semejante e igual a Sí mismo, en la cual se dice todo entero, Palabra

---

[12] Santa Isabel de la Trinidad, *El cielo en la tierra,* último día.

esencial y viviente que es su Verbo. Dentro de nuestra alma, viendo este Verbo, Imagen suya, su Luz, su Pensamiento, su Gloria, Forma de su Rostro, Esplendor equivalente de todas sus perfecciones, Espejo de su ser y Fruto de su Amor, lo ama el Padre con un Amor sin medida alguna. Y ahí, dentro de los estrechos límites de nuestro cuerpo, el Verbo devuelve al Padre un Amor igual, eterno e infinito, Amor único y subsistente, abrazo, vínculo, beso inefable que los consuma en la unidad: el Espíritu Santo[13].

Si hemos sido capaces de seguir un poco este razonamiento —nunca, ni siquiera en la eternidad, llegaremos a comprenderlo del todo—, no nos quedará sino exclamar agradecidos: "¡Cuántas maravillas se repiten en mi alma por la acción de la gracia!". Podríamos —al menos a veces— cerrar un instante los ojos y decir algo tan sencillo como "Gloria al Padre, al Hijo y al

---

[13] Un místico medieval lo explica así: «El Padre dice allí su Verbo eterno y el mismo acto que engendra al Verbo, engendra también al alma, hija adoptiva del Padre... La potencia del Padre sobreviene y el Padre llama al hombre a Sí mismo con su único Hijo: y como el Hijo nace del Padre, así también el hombre, con el Hijo, nace del Padre y refluye en el Padre con el Hijo, convirtiéndose en una sola cosa con Él» (JUAN TAULERO, Predicación 29: *Quod scimus loquimur*).

Espíritu Santo que están en mí". O dejar escapar, como Teresita en una de sus poesías, esta
confiada exclamación: «¡Oh, Trinidad santa, sois
la prisionera de mi amor!»[14].

---

[14] *Poesías: "Mi cielo"*, 7 de junio de 1896, Solemnidad del
Santísimo Sacramento.

4. LOS MORADORES ACTÚAN

RESULTA MUY CONVENIENTE fundamentar nuestra vida en la presencia de la Trinidad en nuestra alma, porque el Padre, el Hijo y el Espíritu Santo *moran* en ella.

Cuando oímos estas revelaciones, ¿podemos asegurar que realmente las creemos? Quizá pensamos que son asuntos de gente especial, que vive en su nube mística. Cuando nos dicen que en nuestro interior *habita* Dios, Padre, Hijo y Espíritu Santo, podemos tener la misma reacción interior que cuando oímos que la constelación Andrómeda está a mil millones de años luz. Y a continuación preguntamos el resultado del último partido de fútbol. Del pasmo inicial a la indiferencia, del destello fugaz al acostumbramiento.

¡Cuán oportuno resultará que tomemos conciencia de estar habitados! Somos realidades santas, para actuar santamente, para vivir santamente, para morir santamente, porque hay un

Santo que nos vive. Lo primero, pues, es creer que la Trinidad no está de paso en nosotros, con acción extrínseca y transeúnte: son los permanentes Huéspedes de nuestro templo interior. Ellos *moran* en cada uno, están en ti, están en mí.

Es verdad que en nuestro camino a Dios necesitamos contar con realidades extrínsecas. Necesitamos su Palabra, necesitamos la instrucción cristiana, la teología, los retiros, e incluso la misma presencia de Jesús sacramentado en los Sagrarios. Sí, todo eso es importantísimo, pero ¿tendría todo eso algún valor si no se nos *entrañara*, es decir, si no realizara de hecho la divinización de nuestras personas? La razón fundamental por la que vamos a Dios es porque la Trinidad mora y actúa en nosotros. No desde fuera, sino de forma absolutamente íntima. La Trinidad se nos hace propia, solidarizándose con el trabajo de santificación, con la tarea de realizar en nosotros el Reino de Dios.

Advirtamos que no hablamos de una presencia cualquiera, sino de una *morada*. Una morada dice mucho más que una presencia. Un hombre está presente en la calle, en la oficina, en el tranvía, pero la morada la tiene solo en su casa. En ella, dentro de ella, mantiene una especialísima y cálida presencia. Una ama de casa está presente en el almacén donde fue de compras, pero en su casa tiene una presencia mucho más intensa, más profunda, más total, más actuante, porque es la señora de la casa. La Trinidad tiene, pues, una casa, y en esa casa actúa, y puede actuar más o menos. Esa casa es aquel que lo ama y, mientras más lo ama, más actúa, más libremente se mueve por todas las habitaciones de esa casa.

Si nosotros vamos a Ellos, ellos vendrán. No porque no estuvieran antes, sino porque vendrán de una manera nueva... más íntima y familiar, más inmediata y viva. He aquí una verdad capaz de encender nuestra alma con deseos ilimitados y sugerirle el amor más insaciable. Es lo que la teología católica llama "misiones divinas". Son nuevas efusiones de Dios, nuevas luces que el Verbo comunica a nuestra inteligencia e impresiones crecientes de amor con las que el Espíritu Santo colma nuestra voluntad. Son una semejanza y una extensión de las procesiones eternas del Hijo y del Espíritu Santo.

"Misión" viene del latín *mittere,* que significa enviar, mandar. En la reflexión teológica expresa la relación que liga al Padre con el Hijo y con el Espíritu Santo. Se distingue entre misiones *ad intra* (es decir, la procesión inmanente: el Hijo procede del Padre; el Espíritu Santo procede del Padre y del Hijo), y las misiones *ad extra,* o efecto sobrenatural producido en la criatura por la Persona enviada. De este modo lleva Dios a cabo la comunicación íntima de Sí mismo hacia los hombres, y la unión de los hombres entre sí.

Dios Padre engendra a su Hijo Único en la Luz y, con Él, en un acto indivisible, espira un mismo Espíritu de Amor. Como nos ha hecho capaces de Dios, el Padre puede entonces enviarnos su Espíritu para que trabaje en nuestra alma y la moldee de forma que Cristo aparezca en ella, enviado también por el Padre. Es así como las procesiones *ad intra* de Dios (es decir, en el interior de la Trinidad), se prolongan hacia afuera, por las iluminaciones del Verbo y las mociones del Amor, introduciéndonos en el ciclo mismo de la vida trinitaria: «Por el misterio de las misiones de las Personas divinas a nosotros es como se opera el retorno del hombre hacia su último fin»[1].

Este proceso tendrá lugar cada vez que, constantes en nuestro recogimiento y libertad de corazón, respondamos al amor de Dios y merezcamos una nueva gracia. Puede decirse que el compendio de la vida espiritual está en la docilidad a las mociones del Espíritu Santo, para hacer más y más presente al Verbo en nosotros, al modo de una repetida encarnación. Eso nos concede nuevos

---

[1] *Per missiones divinarum Personarum in nos, homo in finem ultimum ducitur:* SANTO TOMÁS DE AQUINO, *III Sent.,* d. 25, 9, 2, a. 2, sol. 4

derechos a la intimidad divina, y la vida espiritual avanza a pasos de gigante. Y como los Tres son inseparables, el Padre viene sin ser enviado. Inundan nuestra alma con una nueva efusión de vida; se establece un contacto recién inaugurado, más personal, más real, más íntimo que el del instante anterior: «Esta doctrina de las misiones invisibles de las divinas Personas a nosotros —enseña el padre Chardon—, es uno de los más poderosos motivos de adelantamiento espiritual». Y explica que eso es así «porque mantiene al alma en constante aspiración de adelantamiento, y siempre en vela para realizar incesantes actos de fortaleza y fervor en todas las virtudes, a fin de que, progresando en la gracia, este nuevo adelantamiento atraiga a Dios de nuevo a ella... en una unión más íntima, pura y vigorosa»[2].

En efecto: no dudemos que este misterio admirable puede repetirse incesantemente, ya que a cada aumento del amor responde la invisible visita de los Tres. Si lográramos hacer esto en cada circunstancia, si lleváramos a cabo un acto que acreciente nuestro amor, la adorable Trinidad se derramará de nuevo en ella y la inundará con nuevas olas de luz y de amor. ¿Hasta dónde querrá Dios que lleguemos cada uno de nosotros?

---

[2] Louis Chardon, O. P., *La Croix de Jésus,* III med., c. IV.

5. UN CORAZÓN DE PADRE

¿Contento? —*Me dejó pensativo la pregunta.*
—*No se han inventado todavía las*
palabras, para expresar todo lo que se siente
—*en el corazón y en la voluntad*— *al*
saberse hijo de Dios[1].

AUNQUE NUESTRA capacidad de olvidar los dones divinos es tanta que, si no alimentamos
el deseo de descubrir "lo que se siente —en el
corazón y en la voluntad— al saberse hijo de
Dios", le daríamos a Él, Padre lleno de bondad,
una razón poderosa para entristecerse. Lo obli-
garíamos de nuevo a llorar, como lo hizo cuando habló por boca de Isaías, y razón le sobraría
al decirnos también a nosotros: «Yo engendré y
eduqué a mis hijos; ellos me han despreciado;
el buey reconoce a su amo y el asno al que lo

---

[1] SAN JOSEMARÍA ESCRIVÁ, *Surco*, n.º 61.

alimenta; Israel no me ha conocido, mi pueblo no me ha escuchado...»[2].

Estas palabras no son sino un botón de muestra de las numerosas expresiones bíblicas en las que aparece Dios tocado en la niña de sus ojos y herido en lo profundo de su corazón. En el Antiguo Testamento se habla, sí, de la situación existencial del hombre frente a Dios, con sus angustias y sus esperanzas. Pero también se habla, y más todavía, de la situación existencial de Dios frente al hombre, con sus reclamos y su impaciencia de Padre.

Dios invita, exhorta, se queja de ser desconocido, lamenta los alejamientos de su pueblo, amenaza con los peores castigos, promete las más hermosas recompensas si le es fiel, aparece incluso como inadmisible y hasta ridículo. Hemos de tomarnos muy en serio esta postura de Dios. Toda persona que tiene consistencia ante nosotros —toda persona amada— tiene poder para herirnos en la niña de nuestros ojos; solo la persona amada es capaz de causarnos —por su lejanía, por su indiferencia, por su traición, por su muerte— los más dolorosos sufrimientos. Si no tiene esa posibilidad es que no tiene consistencia para nosotros.

---

[2] *Isaías* 1, 2.

Los judíos fueron intensa y largamente ejercitados en el aprendizaje de estas verdades. Tenían, como nosotros, la dificultad de sentirse amados en cuanto pobres, en cuanto pequeños, en cuanto indigentes y enfermos. Pero acabaron por comprender que eran amados no como los demás, sino con el amor de quien concentra en una persona única la hoguera de su corazón.

Ahora bien, esa revelación de la profundidad y de la locura de un amor así, se vuelve más y más vertiginosa cuando Jesús muere crucificado. El Padre nos ha preferido a nosotros, los pecadores indigentes, por encima del Hijo por naturaleza. Y envía luego su Espíritu para darnos el conocimiento perfecto de ese Amor impensable. Lo que los profetas del Antiguo Testamento decían y gritaban con palabras y con figuras, nos lo dijo Jesús de una manera mucho más maravillosa al dejarse crucificar. Y su Espíritu no se conformará con enseñarlo y recordarlo. Se involucrará como artífice del proceso: Él, que hace uno del Padre y del Hijo, hace que Cristo y yo seamos uno. San Juan de la Cruz, que lo experimentó personalmente, lo dice muy bien en el prólogo de *Llama,* n.º 2: «Y no es de maravillar que haga Dios tan altas y extrañas mercedes a las almas que Él da en regalar; porque, si consideramos que es Dios y que se las hace como Dios y con infinito amor y bondad, no nos parecerá fuera de razón, pues Él dijo que en el que le amasen vendrían el Padre, Hijo y Espíritu Santo y harían morada en él (*Jn* 14, 23); lo cual habría de ser haciéndole a él vivir en el Padre, Hijo y Espíritu Santo en vida de Dios...».

Aquí radica la profundidad de una de las primeras verdades de fe que confesamos en el Credo: "Dios todopoderoso". Pero no lo afirmamos así, de modo directo: Dios = todopoderoso. No. Sería demasiado terrible que cuanto existe estuviera sometido a un todopoderoso, como ha ocurrido en la historia —guardadas las proporciones— cuando naciones enteras se han visto sojuzgadas por dictadores absolutos. Todo cambia si esa omnipotencia divina es la omnipotencia del amor. Entre una omnipotencia y un amor todopoderoso hay un abismo. Por eso afirmamos: "Creo en un Dios *Padre* todopoderoso". En el Credo, entre la afirmación de Dios y de su omnipotencia está intercalada su Paternidad: Creo *en un Padre* todopoderoso, y casi no nos queda sino decir "*Creo en un Padre*". Entonces nuestra fe será el impulso de todo nuestro ser hacia Dios, del abandono total, del lanzarnos en sus brazos aun sabiéndonos sucios, enfermos, traidores... aun sabiendo que su Amor todopoderoso no nos abandona ni aun cuando le hayamos tocado la niña de sus ojos y herido en lo más profundo de su corazón.

Repasemos, si no, la más bella página de la literatura universal: «Y cuando aún estaba lejos su Padre lo vio y, profundamente conmovido, corrió hacia él, y le tendió los brazos... se echó a su cuello y lo besó efusivamente» (*Lc* 15, 17-20).

Martín Descalzo comenta que más que "El hijo pródigo" esta parábola debía llamarse "El padre en la ventana". Y explica que «realmente es un poco extraño que esta parábola sea conocida como la del hijo pródigo, cuando su verdadero protagonista es el padre». Y trae a nuestra consideración la pintura de Rembrandt: «El hijo queda a la sombra, de rodillas, dando la espalda al espectador, con el rostro escondido en el seno del padre. De la sombra emergen sus gastados zapatos y sus harapos. En cambio, el manto del padre brilla en el centro del cuadro y su rostro irradia toda la luz. Es un rostro de anciano venerable, con ojos de haber llorado mucho; un rostro que fue enérgico y en el que ahora solo queda una bondad enternecida. Sus manos temblorosas siguen apoyadas en los hombros del muchacho, como para protegerlo y retenerlo a la vez».

Todo ese mundo de sentimientos que el genio del pintor supo captar, está también genialmente resumido en las pocas líneas de esta parábola, una de las páginas de mayor hondura psicológica de la Escritura. «El padre había dejado marchar a su hijo. Había respetado su libertad con aparente desinterés, pero con el corazón, en realidad, destrozado. De hecho, el paso de los días no había hecho otra cosa que aumentar la necesidad que tenía del regreso del muchacho. El Padre no perdía las esperanzas. Pasaba las horas muertas en la ventana, fijos los ojos en la dirección por la que su hijo se fue. ¿Cómo pudo identificarlo cuando lo vio de lejos? Venía envuelto en harapos, macilento y sucio. Otro, que no fuera su padre, no lo hubiera reconocido. Y no aguardó a que el muchacho se arrojara, derrotado, a sus pies, implorando su perdón. ¡Es tan agradable mostrarse ofendido, ver cómo alguien viene a postrarse ante nosotros, sentir luego la dulzura de perdonar comprobando lo magnánimos que somos! Pero este padre, no. Salió corriendo con toda la prisa que le permitían sus piernas y sus pulmones, abrazó a su hijo antes de que él pudiera pensar en abrazarlo. Y lo cubrió de lágrimas y besos.

Y es que en realidad este padre tiene más necesidad de perdonar que el hijo de ser perdonado. Con el perdón el hijo recupera la comodidad, el padre recupera el corazón; con el perdón, el muchacho volverá a poder comer, el padre volverá a poder dormir»[3].

Lo que más conmueve del Dios-Padre que nos presenta Jesús no es tanto su inagotable capacidad de perdón cuanto que lo haga con una alegría tal que, más que complacernos, parece que es Él quien recibe el regalo. Un Dios paternal que anhela que sus hijos lo comprendamos así: «Yo pido a mi Señor que nos decidamos a darnos cuenta de eso, a saborearlo cada día... no lo olvidéis: el que no se sabe hijo de Dios, desconoce su verdad más íntima, y carece en su actuación del dominio y del señorío propios de los que aman al Señor por encima de todas las cosas»[4].

La Madre de Ponsonnas, fundadora de las Bernardinas cistercienses en el Delfinado, estando en su infancia en Ponsonnas, cayó en manos de una vaquera que le pareció tan rústica que pensó no tenía ningún conocimiento de Dios. La tomó aparte y comenzó con todo interés a trabajar en su instrucción. Esta maravillosa campesina le pidió con abundantes lágrimas que le enseñara lo que tenía que hacer para terminar su Padrenuestro pues, decía en su lengua

---

[3] José Luis Martín Descalzo, *Vida y misterio de Jesús de Nazaret,* Sígueme, Salamanca 1988, pp. 627-8.
[4] San Josemaría Escrivá, *Amigos de Dios,* n.º 26.

montañesa: «Yo no sé llegar hasta el final. Desde hace casi cinco años, cuando pronuncio la palabra "Padre" y considero que el que está allá arriba —decía levantando el dedo— que aquel es mi Padre, lloro y me quedo todo el día en tal estado, cuidando mis vacas»[5].

Nuestra verdad más íntima y conmovedora es ser hijos de un Padre así.

---

[5] JEAN LAFRANCE, *Mi vocación es el Amor*, Ediciones de espiritualidad, Madrid 1985, p. 143.

6. CONCIENCIA DE SER HIJO

Si en nuestra oración de intimidad le preguntamos a Dios cómo podremos ser capaces de contemplarlo así, en su razón de *Padre*, nos contestará lo que es obvio: "me descubrirás como Padre si tienes una clara conciencia de ser hijo". Esta conciencia de ser hijo podemos experimentarla reducidamente si entendemos mal el adjetivo que la teología asigna a nuestra filiación. Como la llama *adoptiva* podríamos equipararla a la adopción humana, es decir, a una *fictio iuris*. No, la adopción divina es distinta, realmente *nos hace hijos*, específicamente *hijos en el Hijo*. No resulta, por tanto, una ficción jurídica, sino una realidad. Todo el misterio del cristianismo se concentra aquí, en la unión estrechísima con Jesús que nos hace ser un solo viviente con Él. Nuestra filiación respecto a la primera Persona divina es real, si bien mediada en Jesús.

Para explicarnos el misterio de nuestra unión con Él, Jesús empleó la analogía de la vid y los sarmientos. Los sarmientos y la vid forman una sola realidad; los sarmientos son prolongación de la vid, la misma savia corre por la vid y los sarmientos. Separados de la vid, los sarmientos son ramaje muerto, útil solo para la hoguera. Parecería sin embargo que esta comparación le resultó al Señor un tanto insuficiente, solo como introductoria pero no completa. A continuación expresa otra, verdaderamente inefable: compara nuestra mutua unión con la unión que existe entre las Personas divinas: «Padre —le dice esa misma noche del Cenáculo, luego de la parábola de la vid y los sarmientos—, que todos sean uno, como Tú y Yo somos uno, que ellos sean uno en nosotros...» E insiste, recalcando nuestra identidad con Él: «Yo en ellos y Tú en Mí, a fin de que sean perfectamente uno...»[1].

No hay sino un solo Hijo de Dios, y nosotros somos hijos de Dios por una invasión vital de Jesús que nos comparte su don. Cuando el Padre nos mira, ve en nosotros al mismo Jesús, porque no tenemos filiación propia, sino que estamos sumergidos en la plenitud filial del Unigénito. Somos, pues, hijos en el Hijo,

---

[1] *Juan* 17, 21, 23.

amados en el Amado. El Padre nos ama *en su Verbo*, porque estamos en su Verbo, amados con el Amor infinito con que el Padre ama a su Verbo: «Padre, Yo les he revelado tu nombre para que el amor con que Tú me amaste esté en ellos, y Yo en ellos»[2]. Este prodigio de nuestra filiación se realiza en el bautismo, bautismo que encuentra su perfecta imagen en el que recibió Jesús. En el Jordán se expresa el misterio de la gracia que Jesucristo nos confiere a todos: allí estamos cuantos, en el transcurso de los tiempos, habríamos de ser bautizados e incorporados a Él. Y a ese Jesús íntegro, a ese Jesús que abarca la Humanidad regenerada, le dice el Padre celestial: «Este es mi Hijo muy amado». Y el Espíritu Santo, al cernirse sobre la cabeza de Jesús, se cierne sobre la Humanidad regenerada. En esa teofanía está expresada maravillosamente la verdad de la gracia.

El hecho de que en Cristo seamos hijos del Padre le da a nuestra oración profundidades insospechadas. La primera, que cuando contemplamos la paternidad de Dios, cuando nos dirigimos a Él en calidad de Padre, es Cristo quien ora en cada uno de nosotros, quien ora en mí, quien habla en mí, quien contempla en mí,

---

[2] *Juan* 17, 26.

porque si soy hijo es porque soy Cristo. De ahí que la oración de amor filial al Padre suela venir después de que se ha dado la unión del alma con el Hijo, es decir, hasta que vamos logrando ser uno con Él, uno en Él. Casi parecería que es una advertencia del Señor al decirnos que «nadie conoce al Padre sino el Hijo, y aquel a quien el Hijo se lo quiera revelar»[3]. Solo entonces seremos capaces de afirmar con pleno sentido y desde nuestro fondo último que el Altísimo es Padre nuestro, porque somos Cristo, y por eso hijos del Padre.

Comprenderemos así que Jesús nos ha enseñado a orar como Él y desde Él por la única razón posible: *porque nos ha insertado en su misterio.* Este misterio no es sino su propia relación con el Padre, es decir, su ser de Hijo. Nuestra inserción en Cristo por obra del Espíritu Santo nos hace partícipes de aquella relación de Amor que es la vida del Hijo de Dios, más aún, que es *el mismo ser* del Hijo de Dios. Poco a poco nos iremos percatando de que lo verdaderamente maravilloso de nuestra oración está en el hecho de que la misma oración de Cristo se nos comunica: «En la oración —enseña el *Catecismo*— el Espíritu Santo nos une a la Persona del hijo

---

[3] *Mateo* 11, 27.

Único»[4]. Sabremos así que cuando nos dirigimos al Padre no estamos solos, porque estamos en Cristo. Y también que Cristo está en nosotros y, por eso, estamos en comunión con los demás, como si fuésemos una sola persona: «Somos uno en Cristo Jesús»[5].

Este nuevo nacimiento que Jesús nos obtuvo debemos asumirlo con fe viva. De no hacerlo nuestra vida transcurriría como si esta impresionante revelación (y, por consecuencia, toda la revelación) no fuera sino una simple fábula. Verdad tan central y profunda merece ser contemplada de modo que la convirtamos en realidad personalmente asimilada. Gustosos hemos de disponernos a dejar de ser lo que éramos, dando muerte a las apetencias desordenadas, dejándonos empapar por el agua del Espíritu que busca hacernos más y más el mismo Cristo, es decir, divinizarnos. Los Padres lo expresaban con lenguaje crudo diciendo que «Dios se hizo hombre para que el hombre se hiciera Dios»[6], y Jesús lo confirma literalmente al citar con ilimitada trascendencia las palabras del salmo 80: «Sois dioses, hijos todos del

---

[4] *Catecismo de la Iglesia Católica,* n.º 2673.
[5] *Gálatas* 3, 28.
[6] SAN AGUSTÍN, *Sermón* 13 *de Tempore*: PL 39,1097-1098.

Altísimo»[7]. No hay sueño panteísta que pueda compararse con esta realidad.

Es este un punto capital en la vida del espíritu, aunque insospechado por muchos. Jesús no solo ruega por nosotros ante la faz del Padre, sino que —estando nosotros divinizados, viviendo su vida— *es capaz de actuar en cada uno de nosotros sobre la tierra* en lo más íntimo de nosotros mismos, y más de lo que actuamos nosotros. En efecto, al formar un solo viviente, todo es común, y nos llenamos de estupor al encontrar esa verdad repetidas muchas veces en la Revelación[8] y también en el Magisterio[9]. San Pablo explica esta asimilación hablando de una "inhabitación de Cristo en nuestro interior por la fe y el amor"[10]. A partir de nuestro bautismo no formamos sino uno con Él, incorporados a

---

[7] *Juan* 10, 34.

[8] *Gálatas* 2, 20: «Y no vivo yo, sino que es Cristo quien vive en mí; la vida que vivo al presente en la carne, la vivo en la fe del Hijo de Dios que me amó y se entregó a sí mismo por mí». Ver *Filipenses*, 1, 21-23; *Romanos* 8, 17; *Gálatas* 4, 19, etc.

[9] Ver, por ejemplo, SAN JUAN PABLO II, Bula *Incarnationis Mysterium*, 29-XI-1998, n.º 10: «Todo nos viene de Cristo, pero como nosotros le pertenecemos, también lo que es nuestro se hace suyo y adquiere una fuerza que sana».

[10] Cf. *Efesios* 3, 17.

Él, no constituyendo con Él sino una sola persona mística, «teniendo libre acceso con Él y en Él al Padre»[11], en un mismo Espíritu de Amor, existiendo, actuando, padeciendo, viviendo y muriendo en Él, con la esperanza de ser asociados un día a la gloria de su Resurrección. Y esto en cada instante, porque Jesús vuelca en cada instante —ya que su Amor es infinitamente variado— lo inagotable de sus dones. Y así transcurre nuestra existencia, en la más absoluta de las normalidades y en el más pasmoso de los prodigios: «Recibiendo en cada instante de su plenitud»[12].

Este encuentro íntimo con Jesús produce un intercambio interno y recíproco con el gran nuevo Yo: todo lo mío es suyo, en mi vida vive, en mi muerte muere, en el mío late su corazón. Y es que, en virtud de esta admirable armonía realizada por el amor, bastará, por decirlo así, penetrar en nuestro propio corazón para comprender el corazón del Amado. «Tú eres mío, contigo yo respiro», le dice Manzoni a Jesús en sus *Estrofas*. La fuerza de compenetración es tal «que estamos llamados a no ser más que una sola cosa con Él, de modo que todo lo que Cristo

---

[11] *Efesios* 2, 18.
[12] *Juan* 1, 16.

vivió hace que podamos vivirlo en Él y que Él lo viva en nosotros»[13].

Iremos entonces comprendiendo que sus méritos, sus sufrimientos, sus oraciones *son bienes nuestros*, propiedad nuestra. Y que todo lo nuestro es suyo, nosotros incluidos: «Todas las cosas son vuestras, vosotros sois de Cristo, y Cristo es de Dios»[14]. El designio benevolente del Padre, que dispuso que fuéramos asimilados a su Hijo, lo ha hecho posible. Somos, con plena verdad, en Cristo, *el hijo* del Padre.

---

[13] *Catecismo*, n.º 521.
[14] *I Cor* 3, 22-23.

7. EL MAYOR *MISTERIO*

EL MAYOR *MISTERIO* que ha aparecido sobre la faz de la tierra es Jesús de Nazaret. Por *misterio* entendemos todo aquello que por su propia naturaleza supera nuestra inteligencia. Jesús no es un *enigma*, en el sentido de acertijo, sino una explosión de luz tan potente que excede nuestra capacidad de comprensión. Porque en Jesús de Nazaret el Misterio consiste fundamentalmente en que es el *Verbo encarnado*, Dios y hombre, sin confusión y sin separación.

El *misterio* de Cristo consiste, pues, no solo en que sea Dios sino en que sea Dios *hecho hombre*. Lo específicamente cristiano no es que tengamos fe en la *divinización* de un hombre —como pensaba Arrio—, sino que tengamos fe en una auténtica, verdadera y plena *humanación* de Dios. *El Verbo se hizo carne* significa que el Verbo de Dios, Eterno e Increado, poseyendo la naturaleza divina consustancial al Padre, tomó en el tiempo la naturaleza de siervo, apareciendo como hombre verdadero, con carne y alma de verdad, con dolores y tristezas —y también con alegrías y gozos— tal como las experimentamos nosotros. Él asumió en su Persona divina todo lo humano, excepto el pecado.

Sobre esta verdad fundamental se ha producido un discurso inacabable, cada día más amplio y cada día más profundo, aunque irremediablemente pobre, siempre insuficiente. «El hombre —confesaba san Buenaventura— tanto individual como colectivamente considerado, aunque se convirtiera todo en lenguas, jamás podría tratar suficientemente de Cristo»[1]. Por sí mismo y también por su influjo en la humanidad, se trata de alguien que ha realizado la más ingente obra de la historia. Cualquier otro personaje queda a años luz de Cristo en cuanto a las consecuencias de su vida y su enseñanza. De modo que, incluso dejando de lado su divinidad, la doctrina y las derivaciones terrenas de la vida del Dios-hombre no tienen parangón en el devenir de la humanidad.

Pero Jesús de Nazaret no es tan solo en sí mismo el mayor misterio que ha aparecido sobre la faz de la tierra. Es también lo único que

---

[1] *Comment. In Io,* proemio q. 1, ad 2.

da sentido y finalidad a nuestra vida, que sería completamente absurda si prescindiéramos de su Persona y su revelación. Él no nos pide tan solo ser discípulos de su doctrina, lo que ante todo nos pide es aceptarlo, creerle, acompañarlo, ir tras sus pasos, permanecer en Él. En definitiva, amarlo.

La fe cristiana es, pues, la propuesta del amor a una Persona. Desde los primeros discípulos ese ha sido el fuego que consume el corazón del verdadero discípulo: «No podemos dejar de hablar de lo que hemos visto y oído», dijeron Pedro y Juan a los miembros del Sanedrín[2]. El deseo de nuestros primeros hermanos en la fe, lo que impulsó su afán evangelizador, no fue sino invitar a los hombres de todos los pueblos a entrar en la alegría de la comunión con su Señor: «Lo que existía desde el principio, lo que hemos visto con nuestros ojos, lo que contemplamos y tocaron nuestras manos tocante a la Palabra de vida... os lo anunciamos, para que también vosotros estéis en comunión con nosotros... os escribimos esto para que vuestra alegría sea completa»[3].

De modo que en el centro del anuncio cristiano se encuentra la unión de amor a una Persona,

---

[2] *Hechos* 4, 20.
[3] *I Juan* 1, 4.

la de Jesús de Nazaret. Cualquier afán evangelizador o misionero, cualquier tarea apostólica no tiene otra finalidad que llevar al *encuentro profundo, afectivo, totalizante,* de cada hombre con Jesús, haciéndole posible entrar en una verdadera y propia *comunión* con Él. Lógicamente, para llevar a este conocimiento amoroso de Cristo, quien lo anuncia debe haberse llenado previamente de esa Persona, y entonces le queman las entrañas pues ha comprendido «la ganancia sublime que es el conocimiento de Cristo»[4]. Una ganancia sublime no se puede vivir en solitario, a riesgo de que estalle el corazón.

Para conocer a fondo una realidad no basta racionalizarla, hay que involucrarse en ella, estar comprometido con su ser en el mundo. Y esto se aplica mucho más si de personas se trata. No puedo decir que quiero mucho a mis padres o a mis hermanos porque haya estudiado su carácter y, al comprobar que son personas psíquicamente sanas, entonces las quiero. No, las quiero porque viven en mi esfera afectiva, porque me quieren, porque me uno a sus sentimientos, porque siento lo que sienten y sufro con sus dolores. Quiero a Jesús porque vive en mí, y vive en mí amándome, porque estoy en su horizonte, y Él

---

[4] *Filipenses* 3, 8.

en el mío, porque me invita a la identidad con Él. Octavio Paz decía que amar «es hacer de un tú una presencia»[5]. Mi conocimiento de Jesús crece a través del trato permanente con Él, en el diálogo confiado, recibiéndolo cotidianamente en la Eucaristía, acompañándolo en cada Sagrario... estoy con Él en mí, y lo busco ahí donde Él se oculta, porque eso es el amor, fuerza unitiva. El amor es *que una persona viva en la otra*, que esté presente en la otra, que esté en el mundo interior de la otra... por eso las personas que se quieren desean la cercanía.

La fe y el amor conducen a una proximidad cordial con Jesús, tratándolo como lo que es, Persona viva, presente, interactuante. Él, con su cuerpo glorioso, nos mira con sus ojos físicos, con su rostro de carne, con la belleza que emana de sus eximias dotes. Descubrir su belleza sensible y su belleza espiritual, descubrir y experimentar un amor sin límites volcado en el corazón de cada uno, lleva a la correspondencia en el amor, a la unión de corazones, a la identidad de mundos.

---

[5] «Hacer de un tú una presencia es como tejer hilos de existencia en el vasto telar del universo. Imagina que cada acción, cada palabra, cada pensamiento tuyo es un hilo que se entrelaza con los demás, creando una trama única y vibrante» (OCTAVIO PAZ, *Carta de creencia*).

Buscar con Jesús esa proximidad supondrá un modo breve y deleitable para crecer en la vida espiritual. Breve, porque todo se simplifica, aunándose. Deleitable, porque el amor facilita todos los esfuerzos y dulcifica todos los sacrificios. ¡Qué felices parecen todos los caminos cuando se ama al Señor! ¡Qué aliento, qué fuerza, qué consuelo experimenta el hombre cuando está sostenido por el amor!

Pedro Salinas habla de la dicha de vivir en los pronombres: Yo, tú. Nuestra relación con Jesús nos invita a vivir en los pronombres, a personalizar. Esto hace preciso que el encuentro se dé entre dos personas que son en realidad ellas mismas, con apertura completa del corazón de una en la otra. A corazón abierto, con las armas abatidas, sin defensa alguna, con rendición incondicional. Yo mismo con Él mismo, en interrelación directa, inmediata. Así lo expresa el poeta, que podríamos decir, sin temor a ser irreverentes, que estos versos suyos recogen una súplica de Dios al alma: «Para vivir no quiero / islas, palacios, torres. / ¡Qué alegría más alta: / vivir en los pronombres!»[6].

Cada uno se convierte así en *el único*, y el proceso del amor divino deviene como el proceso del

---

[6] *La voz a ti debida.*

amor humano, que es de dos, solo de dos. No sin razón entendemos aquí también aquella revelación primitiva: somos imagen de Dios, semejanza suya, y el amor divino no puede tener ni otro nombre, ni otra ley, ni otros modos distintos al amor humano. Viviremos en los pronombres, *yo, tú; tú, yo:* nada ni nadie más, porque para los que se aman no hay nada ni nadie más en el mundo. Este modo directo de tratar al Dios encarnado nos llevará a la seguridad de que el Amor infinito, aun dirigiéndose a todos, a la multitud, es infinito para cada destinatario, y por lo tanto único, irrepetible, exclusivo del alma individual. *Yo, tú:* vivir en los pronombres.

8. EL CENTRO ABSOLUTO

JESÚS ES EL CENTRO absoluto de la vida del mundo y de cada individuo. Lo es, ciertamente, por su doctrina, pero antes de serlo en su doctrina, lo es en su persona. ¿Qué persona? Estamos hablando de Jesús Nazareno, hijo de José, el rabí Yeshua-bar-Yosef. La gente de su tiempo tenía que especificar porque había muchos contemporáneos suyos con ese nombre: Jesús. De modo que el centro de la fe que profesamos y por tanto el centro del Universo es *la Persona* de ese Jesús Nazareno al que nos referimos.

De manera que nuestra fe, antes que fundamentarse en una doctrina, se fundamenta en una persona. Es esta una originalidad frente a cualquier otra creencia. Pensemos en un musulmán, pensemos en un marxista, pensemos en un budista; lo que constituye su doctrina y su fe es que estudia la vida y la doctrina de Mahoma, de Marx, de Buda. Pero ninguno dirá al entrar en su casa por la noche: voy a hablar con Mahoma, voy a hablar con Marx, voy a hablar con Buda. Nosotros, en cambio, sabemos que la salvación está en *la persona de Jesucristo, en la comunión de vida con Él.*

> Buda —que en esto se parece a Sócrates— no remite en absoluto a sí mismo: lo de menos es su persona, lo que realmente importa es el camino que él ha mostrado: quien encuentra el camino puede olvidarse de Buda. Pero en Jesús lo importante es su persona, es Él mismo. En su «yo soy» resuena el «Yo soy» del monte Horeb. El camino consiste justamente en seguirlo, pues «Yo soy el camino, la verdad y la vida» (*Jn* 14,6). Él mismo es el camino y no hay otro camino fuera de Él, donde Él no contaría para nada[1].

Esa persona habría nacido de una hija de Israel, de la casa de David, en Belén en el tiempo del rey Herodes el Grande y del emperador César Augusto. Sus padres lo inscribieron en el registro civil, aprovechando un censo que promulgó Quirino cuando gobernaba Siria. Los documentos históricos, treinta y tantos años más tarde, lo presentan crucificado en Jerusalén, bajo el

---

[1] JOSEPH RATZINGER, *Introducción al cristianismo,* Sígueme, Salamanca 2005, p. 25.

procurador Poncio Pilato, durante el reinado del emperador Tiberio.

Además de rastrear por los datos de su identidad humana, confesamos inseparablemente su ser de Dios. Junto a su genealogía terrena declaramos su genealogía divina: Jesús el Nazareno, el rabí Yeshua-bar-Yosef, es el Hijo eterno del Padre, que ha «salido de Dios»[2]. Es la misma Sabiduría divina que «bajó del cielo»[3], que «ha venido en carne»[4], porque «la Palabra se hizo carne y habitó entre nosotros, y nosotros hemos visto su gloria, gloria que le corresponde como a Unigénito del Padre, lleno de gracia y de verdad... de su plenitud hemos recibido todos gracia sobre gracia»[5].

Habiendo sentado lo anterior, demos un paso más. Jesús es verdadero Dios y verdadero hombre, pero tiene también —dentro de la realidad que nos circunda— un puesto privilegiado, absolutamente único. Todo cuanto existe lleva su sello, el sello del Verbo, del Logos, de la Palabra interior del Padre. Todo cuanto nos circunda —y también el mundo puramente espiritual,

---

[2] *Juan* 13, 3.
[3] *Id* 3, 13; 6, 33.
[4] *I Juan* 4, 2.
[5] *Juan* 1, 14.16.

que escapa a nuestros sentidos— ha sido hecho *desde Él* y *para Él. Desde Él,* porque es el Verbo eterno del Padre, es decir, su Palabra interior a través de la cual el Creador realiza su obra admirable. Como un arquitecto diseña una casa partiendo de la idea que ha elaborado en su mente, así el Padre crea todo partiendo de su Sabiduría, que es la misma Persona del Hijo.

Y, además, todo cuanto existe ha sido creado *para Él,* porque es el Amado del Padre. La razón de las obras *ad extra,* es decir, de las que salen de la intimidad del misterio de Dios, son hechas por el Padre para complacer al Único que ocupa su Amor infinito: su Hijo. De manera que todo lo creado —incluidos nosotros y las creaturas angélicas— pertenecemos, como propiedad particular, por el ser propio de las cosas, al Hijo del Padre.

Lo recuerda el impresionante himno a los Colosenses, digno de ser continuamente meditado:

Él (Cristo) es Imagen de Dios invisible, / Primogénito de toda la creación, / porque en Él fueron creadas todas las cosas, / en los cielos y en la tierra, las visibles y las invisibles, / los Tronos, las Dominaciones, los Principados, las Potestades: / todo fue creado por Él y para Él. / Él existe con anterioridad a todo, y todo tiene en Él su consistencia. / Él es también la Cabeza del Cuerpo de la Iglesia: Él es el Principio, el Primogénito de entre los muertos, para que sea Él el primero en todo, pues Dios tuvo a bien hacer residir en Él toda la Plenitud[6].

De modo que la creación entera, con sus espacios infinitos y sus miríadas de astros, así como la creación angélica y la completa realidad de los hombres, es de Cristo, ya que procede de Él como causa ejemplar a través de la cual el Padre crea cuanto existe. Pero también, dijimos, Cristo es la causa final de la Creación: fue hecha para Él, pues el Padre ama al Hijo y todo lo ha puesto en sus manos[7]. El Hijo es el Amado del Padre, y fuera de Él nada tiene relevancia a los ojos del Creador. De modo que nuestra dicha consistirá en ser de Cristo, para Él, y de vivir en Él; en definitiva, asimilarnos a Él por el amor. Y entonces tendremos su misma herencia, porque somos en Él los hijos del Rey: «y si hijos, también herederos»[8]. «Todas las cosas son vuestras, vosotros sois de Cristo, y Cristo es de Dios»[9]. El mundo, que es todo de Cristo, es también nuestro:

---

[6] *Colosenses* (1, 15-19).
[7] Cf. *Juan* 3, 35.
[8] *Efesios* 8, 17.
[9] *I Corintios* 3, 21.

Míos son los cielos y mía es la tierra; mías son las gentes, los justos son míos y míos los pecadores; / los ángeles son míos, y la Madre de Dios y todas las cosas son mías; y el mismo Dios es mío y para mí, porque Cristo es mío y todo para mí. / Pues ¿qué pides y buscas, alma mía? Tuyo es todo esto, y todo es para ti. No te pongas en menos ni repares en meajas que se caen de la mesa de tu Padre. / Sal fuera y gloríate en tu gloria, escóndete en ella y goza, y alcanzarás las peticiones de tu corazón[10].

La centralidad de Cristo en la existencia de cada hombre sintetiza la enseñanza antropológica del Nuevo Testamento. ¿Qué somos? ¿Cómo hemos de visualizarnos? Toda respuesta sobre el hombre resulta, en realidad, muy sencilla. Todo se resuelve en Cristo. Y desde Cristo. Y hacia Cristo, en la identidad con Él. El principio central de dicha antropología lo resume la Constitución *Gaudium et spes*: «Cristo... manifiesta plenamente el hombre al propio hombre y le descubre la sublimidad de su vocación»[11]. De modo que solo asimilándonos, transformándonos en Jesús, somos lo que en verdad somos.

---

[10] San Juan de la Cruz, *Dichos de luz y amor,* 27.
[11] Concilio Vaticano II, Const. *Gaudium et spes,* n.º 22.

9. LA PASIÓN, CAMINO DE IDA Y VUELTA

La pasión de nuestro Señor Jesucristo tiene un camino de ida y otro de vuelta. Por el de ida, Dios entra en toda pena humana acompañando al sufriente. Por el de vuelta, cada hombre entra en la pena de Dios. Sí: a cada uno nos es posible encontrar los consuelos divinos en cada pena, y también recorrer el camino inverso: entrar nosotros, por el amor, en la pasión del Señor, compartirla con nuestra *com-pasión*. El gesto elemental de la santidad cristiana será siempre el de Simón Cireneo: ayudar a Jesús a llevar su cruz.

Manantial inexhausto de oración es para nosotros la pasión y muerte del Señor. Iremos en esos recorridos transitando de ida y vuelta: recibiendo su dolor, llevándole el nuestro. Haciéndonos, en fin, uno y el mismo en esa Víctima. Hemos de obligarnos a no pasar deprisa las páginas que narran el tremendo holocausto del Señor, queriendo detenernos solo en aquellas donde se muestra con poética dulzura la figura de nuestro Salvador. Porque es preciso acometer de frente el dramatismo del Calvario para realizar cada uno nuestro acontecer pascual: solo si en nuestra existencia se dan de hecho la pasión y la muerte, podremos luego resucitar en Jesús. Hasta que esto ocurra, Él podrá pedirnos nuestro concurso en el drama que continúa hasta el fin de los tiempos: *Tienes que repetir en ti los Misterios de mi paso por la tierra. Yo no estoy ya más con mi presencia visible en el mundo, ni puedo volver a derramar mi Sangre ni entregar mi Vida. Pero tú, sí. Eres la Hostia que hoy puedo ofrecer al Padre y Él te recibirá lleno de gozo... repite mi entrega en la Cruz y mi presencia oculta y silenciosa en el Sagrario. Hostia que se inmola y Hostia que permanece siempre amando, en el silencio, en la oscuridad, en la incomprensión...*

El *Catecismo* enseña que «todo lo que Cristo vivió hace que podamos vivirlo en Él y que Él lo viva en nosotros. "El Hijo de Dios con su encarnación se ha unido en cierto modo con todo hombre" (GS 22, 2). Estamos llamados a no ser más que una sola cosa con Él; nos hace comulgar en cuanto miembros de su Cuerpo en lo que Él vivió en su carne por nosotros y como modelo nuestro»[1]. La densidad de estas enseñanzas nos

---

[1] *Catecismo de la Iglesia Católica,* n.º 521.

obliga a detenernos un momento: ¿Vivir yo, en Cristo, todo lo que Él vivió? ¿Y que Él, Cristo, viva en mí todo cuanto yo vivo? ¿Ser uno solo, también en su pasión y en su muerte?

Jesús nos invita a aceptar conscientemente la unión con su Cruz porque es la única manera de recibir los frutos redentores que en ella nos obtuvo. De ahí que nuestra vida —como la suya— acabe por no ser otra cosa que un *padecer amando*, con las penas que Él disponga (muchas veces incomprensibles), experimentando sufrimientos que no sean solamente tolerados sino —también como Él— gozosamente ansiados. «Si eres flagelado pide mayores tormentos... prueba la hiel, bebe el vinagre, busca los salivazos, recibe las bofetadas y los puñetazos, esfuérzate por coronarte de espinas... finalmente, con ánimo viril, déjate crucificar: muere junto con Cristo, hazte sepultar para resucitar con Él, para reinar con Él»[2].

Y es que en la tierra no se conoce sino a medias el amor, y por eso muy difícilmente comprendemos esta ansia de sufrimiento y de sangre que tiene el Amor divino. En la Escritura encontramos frases desconcertantes, como aquella de la carta a los Hebreos: «...porque a quien ama,

---

[2] San Gregorio Nacianceno, *Las oraciones, Oración* 38, 18.

corrígele el Señor, y azota a todo hijo que por suyo reconoce» (12, 6). Necesitamos ser tratados así, explica santo Tomás, «no ciertamente para nuestra ruina, sino para nuestra salvación... Pues aquellos a quienes no castiga Dios no están en el número de sus amigos... y la ausencia de graves pruebas es como un signo de reprobación»[3]. Aunque resulte paradójico, así es: el amor quiere sangre. El Amor infinito del Padre, por infinito, es insaciable. Por eso quiso la Sangre de Jesús y esa Sangre, para responder al anhelo divino, se vierte en cada instante sobre los altares y se derrama en silencio sobre las almas transformadas por Él. «¿Quién es el que viene de Edom, el que viene de Bosra, el que viene con los vestidos teñidos de rojo?»[4] Porque Aquel que viene con los vestidos teñidos de rojo espera los nuestros teñidos de igual color. Comenta san Jerónimo: «La única respuesta digna es devolver sangre por sangre»[5].

Si el Padre celestial acaba pidiendo también nuestra sangre es porque esa sangre es la de Jesús: la medida del sufrimiento de Cristo es la medida del sufrimiento del justo. La pasión

---

[3] *Com. a las Epístolas de San Pablo; Ad Heb.* 12, 6.

[4] *Quis est iste, qui venit de Edom, tinctus vestibus de Bosra?* (*Isaías* 63, 1).

[5] SAN JERÓNIMO, *Carta* 22, 39 (PL 22, 428).

de Cristo, decíamos, tiene un camino de ida y otro de vuelta. Mi sangre es la suya; su Sangre es la mía. Busquemos que esa Sangre se derrame sobre nosotros, dejemos que cada Llaga de Cristo nos conmueva y purifique a través de la contemplación de cada una y de la aceptación de las pruebas que Él quiera enviarnos. El ansia ardiente de unión y el deseo de vernos libres de las manchas que nos impiden tal intimidad nos llevará a exclamar: «Lávame más y más de todas mis maldades, rocíame con tu Sangre»[6]. Sabremos entonces, con santa Catalina de Siena, que «no podemos tener fuego sin sangre, ni sangre sin fuego»[7]; es decir, amor sin sufrimiento, ni verdadero sufrimiento —sufrimiento de Cristo— sin que sea profundamente amado. Buscaremos entonces anegarnos en aquella Sangre preciosa que borra toda iniquidad y embriaga de dulzura:

En la Sangre hallamos la fuente de la misericordia; en la Sangre, la clemencia; en la Sangre, el fuego, y en la Sangre, la piedad... Embriaguémonos con esta preciosa Sangre... esta Sangre nos hará llevar y sufrir todas las penas con santa

---

[6] *Salmo* 51, 9.
[7] Santa Catalina de Siena, *Ep.* 52.

paciencia, hasta gloriarnos con san Pablo en las tribulaciones, deseando conformarnos con Cristo crucificado y vestirnos de sus oprobios por la honra de Dios y por la salud de las almas... Esta Sangre quita toda pena y da todo deleite; priva al hombre de sí mismo y lo hace encontrarse con Dios... Debemos, por tanto, tener continuamente en la memoria aquella Sangre derramada con tanto fuego de amor[8].

La síntesis de la pasión y del sufrimiento de Jesús se expresa en su Sangre. Anegarnos en ella, beberla, embriagarnos, es llenarnos de su fuerza para poder a nuestra vez ofrecer la propia. Eso se facilitará luego de realizar contemplativamente muchas veces el recorrido de la pasión del Señor, pasión que dejó grabadas en Él las marcas con que se sigue haciendo presente, resucitado y glorioso, por toda la eternidad. Ha quedado impreso en su Cuerpo un retablo de dolores en el que contemplamos Sangre de Amor por todas partes: en las llagas de sus manos y sus pies, en la herida de su costado y en todas las llagas de su flagelación... y también en las laceraciones que no se ven, las invisibles llagas que siguen causando en su Alma los pecados de todos los tiempos.

---

[8] *Id.*, 57 y 58.

Si Él ha querido que permanezcan abiertas es para que pueda refugiarse en ellas todo el que lo busca, como oye san Pedro Crisólogo: «Estas Llagas no provocan mis gemidos, lo que hacen es introduciros más en mis entrañas. Mi Cuerpo al ser extendido en la Cruz os acoge con un seno más dilatado, pero no aumenta mi sufrimiento. Mi Sangre no es para mí una pérdida, sino el precio de vuestro rescate»[9].

Un día, relata santa Gema Galgani, «hallándome delante de una imagen del Corazón de Jesús, dije: "¡Oh, Jesús mío, os quisiera amar mucho, pero no sé hacerlo!". Oí la misma voz: "¿Quieres amar continuamente a Jesús? No ceses un momento de sufrir por Él. La cruz es el trono de los verdaderos amantes de Jesús. La cruz es en esta vida el patrimonio de los elegidos"»[10].

---

[9] San Pedro Crisólogo, *Sermón* 108 (PL 52, 499-500).

[10] Santa Gema Galgani, apuntes en su *Diario*, éxtasis correspondientes a 1899, en *Autobiografía y libro de los éxtasis,* Litúrgica Española, Barcelona 1947, p. 120.

10. EL CALVARIO EN EL TIEMPO

La Misa ocupa, en la vida de la Iglesia, el mismo lugar central que el Calvario en la obra de la Redención. Todo deriva de allí y allí se une como punto culminante del misterio salvífico. La Misa es *sacrificio* porque en ella Jesús se ofrece al Padre por su Iglesia, elevándola con Él, por Él y en Él hasta la Trinidad, haciendo descender los frutos de su inmolación. La Misa y el Calvario son *sacrificio,* pues a través del sacrificio los hombres damos culto a Dios y reparamos nuestros delitos.

Jesús, el Verbo eterno hecho hombre, conociendo la perfección de su glorificación suprema en su acto de adoración y reparación, se inmola con amor inmenso. Por eso, una vez realizado el divino misterio, no le quedaba sino perpetuarlo, cristalizarlo, hacerlo permanente. Jesús realiza el prodigio en cada Misa. La Misa no es un sacrificio distinto del Calvario, porque el sacrificio del Calvario es único, ocurrido en el tiempo, pero que por voluntad divina permanece en la eternidad. «El Misterio pascual de Cristo se celebra, no se repite; son las celebraciones las que se repiten; en cada una de ellas tiene lugar la efusión del Espíritu Santo que actualiza el Misterio»[1]. La Misa es Cristo Sacerdote y Víctima, en su único y eterno sacrificio, ahora con nosotros, en medio de nosotros, contemplándolo nosotros con los ojos de la fe. La Misa no es sino el mismo sacrificio del Calvario. Tocamos aquí un misterio enormemente profundo y, a la vez, enormemente consolador: estamos presentes en el instante eterno de la muerte del Señor. «Todo el misterio de nuestra salvación ahí se encierra», enseña santo Tomás[2].

Cuando oímos decir que la Misa es el mismo Sacrificio del Calvario corremos el riesgo de pensar que se trata de un ejercicio de imaginación, algo así como si nos trasladamos en una película a la época de los colonos ingleses atacados por pieles rojas en el oeste americano. Tendremos entonces que forzarnos a contestar que no, que donde estamos es en el misterio, ubicados en el instante donde coinciden tiempo

---

[1] *Catecismo de la Iglesia Católica*, n.º 1104.
[2] *Suma Teológica* III, q. 83, a. 4.

y eternidad, inmersos en la fe, pues el presente eterno aquí se reinstala. Que todo cuanto vemos —¡mucho más real, mucho más cierto, mucho más vivo!— todo esto ocurre. Porque esa es nuestra fe: «Cuando llegó su hora, (Jesús) vivió el único acontecimiento de la historia que no pasa... es un acontecimiento real, sucedido en nuestra historia, pero absolutamente singular: todos los demás acontecimientos suceden una vez, y luego pasan y son absorbidos por el pasado. El misterio pascual de Cristo, por el contrario, no puede permanecer solamente en el pasado, pues por su muerte destruyó a la muerte, y todo lo que Cristo es y todo lo que hizo y padeció por los hombres participa de la eternidad divina y domina así todos los tiempos y en ellos se mantiene permanentemente presente»[3]. Y entonces nos ponemos a pensar si no serán estas profundas verdades de fe que mal captamos las mismas que nos piden entender que «es tanto el Amor de Dios por sus criaturas... que al decir la Misa deberían pararse los relojes»[4].

Entonces quizá comencemos a comprender que esta Eucaristía en la que estamos no supone como una nueva puesta en marcha del Calvario.

---

[3] *Catecismo de la Iglesia Católica*, n.º 1085.
[4] San Josemaría Escrivá, *Forja*, 436.

No. Lo que en realidad sucede es como si yo y cuantos aquí participamos fuéramos sacados del tiempo por una máquina especial —ideada por el omnipotente Amor de nuestro Dios— hasta encontrarnos en esa acción salvífica sucedida entonces, que ha traspuesto los límites del espacio y del tiempo. Así comprenderemos que hemos tenido la dicha de presenciar cientos, miles de veces, el único y eterno sacrificio. Como si Dios, lleno de compasión por nuestra miseria, nos dijera: *Mira, como eres torpe y limitado, tendré que meterte muchas veces en el instante eterno en que te salvo. A ver si así logras hoy aprovechar un poco de esto, mañana lo otro, el domingo próximo buscaré que resalte para ti aquel aspecto...* y ahí nos vamos, en una nave que nos conecta con la eternidad, buscando otra vez la oportunidad —¡ahora sí!— de recibir los frutos de esa muerte, en reiterado intento de mezclar su Sangre con la nuestra, de disolver en esa pena nuestro llanto, de confundir con esa muerte nuestra propia oblación: «La Liturgia cristiana no solo recuerda los acontecimientos que nos salvaron, sino que los actualiza, los hace presentes»[5]. San Juan Pablo II lo dice de modo conciso: «[La Misa es] la

---

[5] *Catecismo de la Iglesia Católica*, n.º 1104.

presencia real, en el tiempo, del único y eterno sacrificio de Cristo»[6].

Sabemos que Jesús, en la Misa, ofrece a la Santísima Trinidad un acto de adoración que es digno de Dios porque lo ofrece el mismo Hijo de Dios. En la Misa, Jesús nos congrega junto a Sí. Participamos con todo nuestro ser en su ofrecimiento: no somos simples espectadores. Jesús acepta del corazón de cada uno de nosotros la ofrenda de nuestro amor, y le da un valor eterno al unirla a su propio Amor. Juntos, Jesús y nosotros, nos acercamos al Padre en unidad. Constituimos una sola Víctima, una sola Hostia, depositada al pie del trono divino. Podremos ser tres o tres mil, pero mire el Padre donde mire, es a su Hijo a quien ve. Y, mientras el amor de Dios fluye hacia Jesús, ese amor del Padre a su Hijo se derrama en cada uno de nosotros.

Pero... ¿qué significa hacernos víctima? Significa unirnos a Él en su ofrecimiento al Padre. Significa aceptar nuestra propia inmolación, como y cuando Dios lo disponga. Significa continuar en esa jornada la identificación con Jesús que hemos hecho en Misa: hacer que nuestro día sea una Misa. El altar para uno será la mesa

---

[6] *Catequesis, Audiencia* del 12-V-1993, n.º 3. *L'Osservatore Romano,* 14-V-1993.

en la que escribe, y para otro su tierra de labranza, y para otro la cama en que se muere. El trabajo, la familia, el deporte y hasta las diversiones se unirán al sacrificio de Cristo, y serán por ello acciones gratísimas ante el Padre. Y la Misa, así prolongada, traerá una inmensa cantidad de fruto.

Ahora y siempre será María el modelo de *estar* en Misa. Igual que nosotros, Ella participaba en la Misa, desde la primera del Calvario. Nadie como Ella vivió mejor la *unio affectus* que todos hemos de buscar con Jesús oculto en el sacramento y en el sacrificio. Ningún corazón como el suyo ha palpitado con el del Crucificado en tan perfecta armonía, ninguno se ha abrasado como el suyo en el amor. Pero mal decimos, y habremos de creerlo: no *participaba* en Misa, ni *estuvo*: está, participa, con nosotros reza y se une[7]. En cada Misa, aun en el más lejano rincón del Planeta, Ella sigue, temblando de amor, cada paso de su Hijo, máximamente aquellos en que muere en agonía. Está con nosotros, a nuestro

---

[7] «En el memorial del Calvario está presente todo lo que Cristo ha llevado a cabo en su pasión y muerte. Por tanto, no falta lo que Cristo ha realizado también con su Madre para beneficio nuestro (...). María está presente con la Iglesia, y como Madre de la Iglesia, en todas nuestras celebraciones eucarísticas» (SAN JUAN PABLO II, Enc. *Ecclesia de Eucharistia,* n.º 57).

lado en la banca del templo, atenta, dulce, serena, con el hondo dolor que le produce la renovación del holocausto que Ella presenció visiblemente, y con el inefable gozo de continuar, a una con su Hijo, corredimiendo siempre. Si vivimos con María nuestras Misas, de Ella aprenderemos la sensibilidad para unirnos a Jesús algo menos torpemente de como ahora lo hacemos.

> *Dime, Señora, cómo debo de tratarlo.*
> *Quita de mis modos la torpeza y dame la finura de tus manos.*
> *Dime, Señora, cómo debo de mirarlo.*
> *Quita de mi vista la ceguera y dame la vigilia de tus ojos.*
> *Dime, Señora, cómo debo de servirlo.*
> *Quita de mi vida la tibieza y dame el ritmo nuevo de tus pasos.*
> *Dime, Señora, cómo debo de quererlo.*
> *Quita de mis labios la aspereza y dame la dulzura de tus besos.*

Gabriela Bossis oyó en su oración que Jesús le decía: «Pide a mi Madre amadísima que tú respondas con ternura a Mi Ternura. Tú sola, no eres capaz, no eres capaz, ¡no eres capaz!»[8].

---

[8] *Él y yo*, n.º 880.

11. EL ENAMORADO QUE ESPERA

Del Huésped del Sagrario fluye una poderosísima corriente de amor a cada corazón que lo comprenda, que sepa abrirse a Él y recibirlo. Jesús en el Sagrario actúa como todo enamorado: espera. A cualquier hora del día o de la noche, en todas las latitudes y a lo largo de los siglos, Él está. Y está esperando. Aguarda nuestra llegada, dispuesto a cualquier desaire, aunque sea persistente. Sigue aguardando. Como la esposa fiel a su marido, como el novio en la acera frente a la casa de la amada, como la madre que en las altas horas de la noche espera el regreso de su hijo, Él aguarda. Espera siempre, sin reclamar nuestra ausencia y sin obligarnos a ir. Si alguna vez dudáramos que todo en nuestra vida consiste tan solo en dejarnos amar por Él y en devolverle su amor, bastaría que pensáramos en la Eucaristía. Ahí escucharíamos entonces de sus labios: *¿No te* *parece que mi presencia en el Sagrario es suficiente comprobación de que solo anhelo eso?*

Meditando la verdad de fe de la Presencia Real crecerá de día en día la fuerza magnética de la Eucaristía, y experimentaremos una como ansia de Sagrario. Jesús nos ha flechado, y el amor es fuerza unitiva. La condición es, como siempre, la identidad de quereres, la unión de corazones, clave y resumen de todo amor. Jesús está ahí porque ama, y si cada uno de nosotros logra entrar en esa sintonía —si mi corazón late al unísono del Suyo— entonces lo amo, y amar y contemplar vuelven a ser lo mismo. «Por Amor y para enseñarnos a amar, vino Jesús a la tierra y se quedó entre nosotros en la Eucaristía»[1].

Jesús en cada Sagrario ama y espera. Si lo creemos de veras comprenderemos que Él, en su amor por nosotros, sufre lo que en psicología se llama *el tormento de la espera*. Es el sufrimiento que experimenta una persona que aguarda a otra; tormento a medida del amor que le tiene. Cuanto más ama la madre al hijo, la enamorada al enamorado, tanto mayor es su *tormento de la espera*. Si pensáramos en un Amor infinito —como el que late en el Corazón Eucarístico de Jesús por cada uno de nosotros— no podemos siquiera imaginar a cuánto asciende ese *tormento*

---

[1] San Josemaría Escrivá, *Es Cristo que pasa*, 151.

de la espera. ¿No cambiaría nuestra vida si cre-yéramos en ese Amor y en esa pena de soledad?

Ante el Sagrario debemos intentar una comu-nicación de corazón a Corazón. ¿Qué se necesita para lograrlo? La fe certísima, el corazón libre, los tiempos de dedicación, el recogimiento in-terior y, como empapándolo todo, el anhelo de Dios en exclusiva. Entonces viene de nuevo Él, Jesús, en ayuda de nuestra debilidad y, compren-diendo nuestro ser de carne, materializa la unión en la realidad más sensible y a ras de tierra que es posible imaginar: nos lo comemos. Como si lo mordiéramos, no sea que vaya a escapársenos, y no podamos entonces manifestarle lo salvaje de nuestro amor. La transformación ocurre aho-ra casi sin que nos lo propongamos: ahí radi-calmente y en cierto sentido de modo obligado, somos uno: «Quien me come vivirá por Mí»[2].

Y es que Jesús no desarrolla ahí sino una úni-ca actividad: tan solo ama. Y es lo que desea que hagamos también nosotros cuando nos acerca-mos a contemplarlo ahí. Ensayémoslo muchas veces, mandándole nuestro amor a través de la puerta del Sagrario o del cristal de la Custodia. Aquí, más que en otros ámbitos, estalla cual-quier silogismo: su Presencia oculta en el Pan es,

---

[2] *Juan* 6, 58.

sí, un misterio de fe, pero es más todavía más un misterio de Amor. Como ningún razonamiento lógico precede a la deuda que adquiere el enamorado cuando compra a su prometida un anillo de brillantes, tampoco precede a la Eucaristía ninguna lógica racional. Es una expresión culminante de la locura del Amor de Dios que nunca abarcaremos con el discurso intelectual.

Es así como llegamos a experimentar una verdad maravillosa: que el Cristo eucarístico se identifica con el Cristo de la historia y de la eternidad. No hay dos Cristos, ni muchos, sino uno solo. Nosotros poseemos en la Hostia al Cristo de todos los misterios de la redención: al Cristo de la Magdalena, al del hijo pródigo y de la samaritana, al Cristo del Tabor y de Getsemaní, al Cristo resucitado de entre los muertos que, sentado a la diestra del Padre, nos espera para el abrazo eterno. No es un Cristo el que posee la Iglesia de la tierra y otro el que contemplan los bienaventurados en el cielo: una sola Iglesia, un solo Cristo.

Esta maravillosa presencia del Señor en medio de nosotros debería revolucionar nuestra existencia. En el fondo nada tenemos que envidiar a los contemporáneos de Jesús que andaban en su compañía por Judea y Galilea. Todavía está aquí con nosotros: en cada ciudad, en cada colonia, casi en cada calle: nosotros lo poseemos tanto como ellos, y en cierto sentido más que ellos. Él está todo para cada uno, todos los días del año y todas las horas del día.

Si está su cuerpo, entonces está su rostro. Podremos adivinar bajo las especies eucarísticas no solo la faz del más hermoso de los hijos de los hombres, sino también la expresión que adoptan sus facciones cuando me descubre a mí, a cada uno; su sorpresa al vernos llegar y el fulgor de su mirada cuando le rendimos el corazón. Y podré adivinar entonces en ese encuentro cara a cara el sentir de su Corazón en cada misterio de su vida, que buscaré asimilar al mío. Bajo el pan se esconde la más grande de las creaciones del orden visible, pues la Humanidad Santísima de Jesús es la obra material más esplendorosa que ha salido de las manos del Padre. Y, actuado por los dones del Espíritu Santo, advertiré que la contemplación de una obra de arte o de un paisaje o la de una hermosa mujer o la suma de las más bellas realidades creadas son los arroyuelos que brotan del océano de infinita hermosura oculto en el Pan.

También el alma de Cristo está en la Hostia. Todas sus facultades humanas conservan en ella la misma actividad que en la gloria. Ahí está su inteligencia iluminada por las claridades del Verbo, en la deslumbrante visión de la Trinidad y de todo el Universo. En ella, en esa alma de

Cristo que es la obra maestra de la creación espiritual, están también todos sus sentimientos, elevándose hasta el Padre con los ardores de su infinito Amor por Él. Y, lo que es todavía más increíble, ahí, en esa Hostia donde está el alma de Cristo, fluye hacia nosotros —miserables pecadores redimidos por su Sangre— el mismo Amor infinito que Él profesa a su Padre.

La divinidad de Cristo está también allí, en la pequeña Hostia. En un trozo de pan en apariencia se encuentra el Hijo Unigénito oculto en el seno del Padre, ante quien tiemblan los Tronos y las Dominaciones, en presencia del cual los Querubines y Serafines se cubren las alas por no poder sostener el brillo de su Faz, esplendor de la gloria divina y figura de su sustancia, Luz de Luz, principio y fin de todas las cosas, sacerdote de los hombres y de los ángeles, salvador del mundo, verdadero Dios del Universo. Y nosotros estamos ahí, contemplando, a unos cuantos metros, pasmados ante esta verdad, pasmados por su silencio. «En medio de vosotros hay uno que no conocéis», dijo en cierta ocasión Juan Bautista refiriéndose a Jesús[3]. Metidos hasta las cejas en una visión chata que no trasciende lo sensiblemente verificable, ¿no habríamos de merecer nosotros ese mismo reproche?

---

[3] *Juan* 1, 26.

12. UN DIOS QUE SE ME ENTRAÑA

Jesús dijo en Cafarnaúm una verdad asombrosa y consoladora: «Así como Yo vivo por el Padre, del mismo modo, el que me come vivirá por mí»[1]. Nos revela que lo comemos y entonces vivimos: por comerlo, Él nos hace posible asumir la vida suya, en el mundo nuevo de los hijos de Dios. Hemos recibido una Humanidad fuente de vida, que está en la Eucaristía como está en el cielo, pero más cerca de mí, tanto que *se me entraña*. Aquí está, viviendo y actuando, y lo que busca es el contacto conmigo para transferirme su vida, para vivirme Él con esa vida superior que me regala: «Yo soy el pan de vida... Quien come de este pan vivirá eternamente»[2].

---

[1] *Juan* 6, 58.
[2] *Juan* 6, 35, 58.

En el momento de la comunión se vierte esa vida sobre mí. Si permanece mi alma alentada por esa vida superior es porque, aun después que se han consumido las sagradas especies, continúa Cristo haciéndome participar de su vida, de su gracia. Continúo en comunicación vital con Él como el sarmiento con la cepa de la vid, como el miembro del cuerpo con la cabeza. Entre el alma de Jesús y la mía hay una comunicación incesante, un flujo y reflujo de vida. ¡Qué importa la separación en el tiempo y en el espacio si la vida es la misma! Y esa vida misma, la misma gracia, está esencialmente en la Hostia y en mi alma.

Entonces comprenderemos que nada terreno puede compararse a la intimidad de esa unión porque, cuando comulgamos, la Humanidad Santísima actúa directamente en nuestra persona. La unión del esposo y la esposa, la unión de mi alma con mi cuerpo, no son tan íntimas como la unión de mi yo con Jesús, verdadero Dios y Hombre verdadero. Porque la gracia que me comunica, fruto de su sacrificio, penetra la esencia misma de mi ser. Como el perfume empapa el lienzo en que se vierte, como el rayo luminoso atraviesa el cristal, como el fuego entraña el hierro haciéndolo fuego, así la gracia que me llega por la comunión, deslizándose en mí, se apodera de mi yo para hacerlo uno con Dios, para *transformarlo en Dios, para embriagarlo de Dios*[3].

Esa gracia que recibo al contacto con Jesús presente en la Hostia es verdaderamente mi vida, mi verdadera vida, mucho más de lo que lo es la vida de mi cuerpo o hasta la misma vida natural de mi espíritu. Ella es *el yo de mi yo*, el alma de mi alma, de suerte que, en su última profundidad, en su centro más interior, en su más secreta intimidad, mi vida es la gracia que me trae la Hostia. «Mi vivir es Cristo»[4], descubre san Pablo y, con la misma verdad e igual alegría interior puedo expresar lo mismo: *vivo de la vida que me da la Eucaristía*, y al decirlo no estaré sino repitiendo lo que Jesús había dicho primero: «Quien me come vivirá por Mí»[5].

---

[3] «La fuerza de este sacramento no solo sustenta espiritualmente al alma, sino que al mismo tiempo la deleita y en cierto modo la embriaga con la dulzura de la bondad divina, según aquellas palabras del *Cantar* (5, 1) "comed, amigos, bebed y embriagaos, carísimos..."» (*Ex virtute huius Sacramenti anima spiritualiter reficitur, et delectatur, et quodammodo inebriatur dulcedine bonitatis divinae, secundum illud: "Comedite, amici, et bibite, et inebriamini charisimi". S. Th.* III, q. 79, a. 1, ad 2).

[4] *Filipenses* 1, 21.

[5] *Juan* 6, 58.

Pero Jesús nació para morir, y en el momento mismo de su violento holocausto nos da la vida. Por eso nuestra recepción eucarística será fructífera si no olvidamos que al comulgar estamos comulgando con un crucificado. La lógica de la Eucaristía, sacrificio de Cristo y ofrenda de la Iglesia junto con Cristo, la asimilamos en la participación de la Cruz de Cristo, en nuestra conformidad ante las pruebas espirituales y físicas, y podemos medirla por la capacidad que tiene, en virtud del Espíritu, de transformar aquello que puede parecer un destino inevitable en ofrenda, en sacrificio, en glorificación.

¡Cuánto bien nos hará contemplar la Eucaristía bajo esta óptica, porque entonces amaremos a fondo nuestro propio estar crucificados! Si la Eucaristía es el sacramento de nuestra Redención, nos acercamos al Cristo del Altar como al Cristo de la Cruz. El sacramento es un sacrificio: *vamos a comulgar con un Crucificado*. Estamos uniéndonos a Él, cambiándonos por Él cuando Él realiza, redimiéndonos, su oblación al Padre. El bautismo y los otros sacramentos nos hacen participar de los méritos de la pasión de Cristo; la Eucaristía consuma nuestra unión con el Crucificado ya que es, explica santo Tomás «el sacramento de la pasión de Cristo en cuanto perfecciona al hombre en su unión a Cristo crucificado»[6].

No son el dolor y la muerte los factores que originan la vida. Proceden del pecado, pero desde el sacrificio de Cristo son transformables en ofrenda por la gracia, y pueden ser elevados a la altura de ese mismo sacrificio por la acción del Alimento eucarístico. La divina Providencia, que dirige hasta el temblor de la hoja del árbol y sin cuyo consentimiento no cae el pájaro en el lazo ni el cabello de nuestra cabeza[7], regula y mide el dolor que aflige a cada hombre y fija la hora en que cada cual debe consumar su sacrificio con la muerte. En manos de Dios está nuestra vida y nuestro destino, y cuando el dolor viene a visitarnos o la muerte a sacarnos del mundo, no obran ciegamente ni al azar sino dirigidos por la Voluntad sapientísima, amantísima y omnipotente del Padre celestial, «que nos ha predestinado a ser conformes a la imagen de su Hijo»[8].

La comunión, penetrándonos con su virtud, es el gran medio de la transformación y la

---

[6] *Eucharistia est sacramentum Passionis Christi, prout homo perficitur in unione ad Christum passum* (SANTO TOMÁS DE AQUINO, *In Ioann., c. VI, lect.* 7).

[7] Cf. *Mateo* 10, 29-30.

[8] *Romanos* 8, 29.

divinización del dolor y de la muerte. Jesús vivifica el dolor en nosotros haciéndolo suyo, y continúa en su cuerpo místico el sacrificio que experimentó en su ser individual. Y aunque sepamos estas verdades por el estudio y las rumiemos en la oración, nunca tienen más fuerza penetrativa que cuando, probados por el dolor, nos acercamos a la sagrada Eucaristía y exponemos nuestra alma crucificada a la acción de Jesús que llega a ella como Víctima recién inmolada.

Quizá sea esa la razón por la cual a veces podremos notar tibieza en nuestras comuniones, y poco fruto de nuestro contacto con Jesús. Quizá sea esa la causa por la que esa Vida no logre vivificarnos del todo. Olvidamos que la verdadera y radical preparación para unirnos a Él no son los aislados actos de fervor que podamos repetir minutos antes de recibirlo, sino nuestra efectiva comunión con sus sufrimientos. Cuando captemos a fondo lo que significa intercambiar nuestro cuerpo por el destrozado Cuerpo de un crucificado, descubriremos el secreto de la vida de amor en comunión profunda: ser hostia con la Hostia, contribuir en algo al sacrificio mezclando gotas de nuestra propia sangre en el Cáliz de la Sangre del Cordero. Su Vida entonces fluirá en la nuestra y tendremos la dotación para desbordarla al mundo.

¿Cómo seremos capaces de lograrlo? ¿Tendremos la fuerza suficiente para hacer de nuestra vida un holocausto? No, está claro que no. No, nosotros no. Solos no. Jesús no solo nos une a Él en su sacrificio: cuando nos alimenta, recibimos también la fuerza para abrirnos a Él. No solo necesitamos la luz en nuestras penas, tal vez más que luz nos es menester fortaleza para asumirlas. El Crucificado nos da su fuerza para crucificarnos. Si nos fuese dado oír la voz de gratitud de cada alma que, habiéndose acercado con esta fe a la Eucaristía, le ha pedido alientos para continuar su ascensión al Calvario, quedaríamos asombrados al comprobar la gloriosa fortaleza que el pan de los fuertes sabe comunicar a los que sufren: «Cada creyente —son palabras de san Juan Pablo II— encuentra en la Eucaristía no solo la clave interpretativa de su propia existencia, sino también el valor para realizarla»[9].

Y es, además, fortaleza envuelta en consuelo: la Eucaristía tiene también como efecto el deleitar. Tal vez nunca mejor probaremos esa espiritual suavidad del Crucificado que cuando nuestra alma, al recibirlo, se encuentra transida de dolor. Pregúntese a las almas que sufren y van

---

[9] San Juan Pablo II, *Mensaje, 37 Jornada mundial por las vocaciones,* 14 mayo 2000.

a consolarse con Jesús en la comunión. Es como si sus penas pasaran por el Corazón de Cristo y perdiesen en Él su amargura. Una mano delicadísima va tocando las heridas y ungiéndolas con bálsamo divino que mitiga lo acerbo del dolor. A veces las penas resultan tan penetradas de suavidad que el alma hace suyos los sentimientos de Teresa en aquel agudísimo —y dulcísimo— dolor del dardo inflamado con que le traspasaba el pecho el Serafín: quería estar siempre muriendo semejante muerte.

13. SERES DE ESPERANZA, SERES DE DESEOS

La virtud teologal de la esperanza se expresa en los deseos. Somos seres de deseos. Los deseos tienen un papel de primera importancia en nuestra vida. Resultan al modo de maravillosos resortes que impulsan la construcción del propio proyecto. Nos impiden permanecer estáticos, paralizados. Nos advierten el desnivel entre lo encontrado y lo anhelado, y se tornan la base de nuestros dinamismos más fundamentales. Se oponen a la apatía y a la desesperanza, enfermedades del alma. Son uno de los motores más importantes de la historia. Son el reverso del miedo. Los deseos no son solo el principio de toda jornada espiritual, ni la mitad, sino también su fin.

Saber de los deseos de alguien es uno de los modos más seguros y rápidos de conocerlo. "Dime qué deseas y te diré quién eres, te diré cómo eres". Nos resultará provechoso preguntarnos de vez en cuando: "¿Cuál es el objeto de mis deseos? ¿Qué realidad ocupa mis sueños? ¿Hacia dónde van mis pensamientos cuando me encuentro distraído?" El deseo es la esencia del hombre, porque el hombre es proyecto por realizar.

Hemos de agradecer a Dios el tener deseos. Es Él quien los pone en nuestra alma, y lo hace para que lo busquemos. Y, si lo buscamos sinceramente, lo hemos encontrado ya, como dice Jesús al hombre en un célebre paso de Pascal: «Consuélate, no me buscarías si no me hubieras encontrado»[1]. Daniel fue grato a Dios porque era «varón de deseos»[2]. Nuestras ansias son don, y no hemos de hacer otra cosa que alentarlas, aunque no tengamos aquí el completamiento de esas ansias. De modo que podemos preguntarnos: "¿Tengo grandes deseos? ¿Me siento insatisfecho? ¿Anhelo siempre cosas mayores, y mi ilusión primordial es la posesión de Dios?" Si respondiéramos afirmativamente a estas preguntas podríamos considerarnos enormemente dichosos: no solo porque, como dijimos, es Dios mismo quien los infunde sino porque un día se

---

[1] *Pensamientos*, 553: *Le mystère de Jésus.*
[2] *Daniel* 9, 23.

verán colmados: «Dios no puede inspirar deseos irrealizables»[3].

A veces no alentamos nuestros deseos porque sabemos que aquí nunca podrán colmarse del todo. San Juan de la Cruz habla del miedo a sufrir que plantea el deseo: «Y si lo que ama no lo posee totalmente, tanto sufre cuanto le falta por poseer (...). Mientras esto no llega, está el alma como en un vaso vacío que espera estar lleno; como el que tiene hambre y desea la comida; como el enfermo que llora por su salud; y como el que está colgado en el aire y no tiene dónde apoyarse»[4].

«El hombre es una nada capaz de Dios», repetía Bérulle[5]. De modo que cuando olvida o desconoce esa verdad, cuando no es *varón de deseos,* cuando su deseo no se dirige al mayor de los objetos posibles, cuando no busca saciar su mayor carencia, corre el riesgo de irse por el mal camino de los sucedáneos. El ansia de Dios se desvía a otras ansias, o se constriñe, limitada por deseos rastreros. No nos hace ilusión la intimidad con Él, su búsqueda. La esperanza teologal se desvanece, y entonces quizá ni siquiera nos ilusiona el

---

[3] Santa Teresa de Lisieux, *Manuscritos autobiográficos,* C 2vº.
[4] *Cántico* B, 9, 6.
[5] Pierre de Bérulle, *Discours de l'état et des grandeurs de Jésus.*

encuentro definitivo de la eternidad, y nuestra vida transcurre de decepción en decepción, por derroteros de apatía, caminando a paso cansino o enfermándonos de tristeza, de desamor.

En la otra vida la felicidad será la medida de nuestro deseo. ¿Quién disfruta más el vaso de agua? El que tiene más sed cuando lo bebe. La medida de la posesión de Dios en el cielo se relaciona con el deseo de poseerlo que tuvimos aquí, ya que «donde hay más amor hay también mayor deseo, y el deseo es el que prepara y hace apto al que desea para recibir lo deseado»[6]. Así pues, el deseo de Dios es la disposición inmediata y como específica para poseerlo. El deseo ahonda en el alma y dilata su capacidad de Dios. Por eso en el cielo cada uno posee a Dios en la medida que le es propia, y todos son felices, porque todos lo poseen cuanto lo desearon. ¡Qué estímulo esta verdad para entregarnos sin reservas a los ardores torturantes del cielo!

«En mi lecho busqué por las noches al amor de mi alma»[7], declara la esposa en el *Cantar*. Glosando el texto, san Bernardo asegura que «es un gran bien buscar a Dios... yo no conozco otro semejante entre los bienes del alma.

---

[6] *Suma Teológica* I, 12, 6 c.
[7] *Cantar de los cantares* 3, 1.

Ningún bien iguala al deseo, ya que está en la base de todos y en su culminación: este es el primer don que se recibe y el último en conseguirlo plenamente. No se añade a ninguna virtud, ni cede ante ninguna. ¿A qué virtud puede añadirse si no le precede ninguna? ¿Ante cuál puede ceder, si es más bien la consumación de todas? ¿Qué virtud se puede asignar al que no busca a Dios, o cuál es el límite de buscar a Dios? Dice: "Buscad continuamente su rostro" (Sal 105,4). Yo creo que ni aun cuando lo encontremos dejaremos de buscarlo. No se busca a Dios moviéndonos, sino deseándolo. Y el feliz encuentro no extingue los santos deseos: los prolonga. ¿Acaso la plenitud del gozo adormece la añoranza? Es poner más aceite en la llama»[8].

El Señor manifiesta a santa Catalina de Siena cuánto le importan nuestros deseos y cómo se complace en fomentarlos: «Hija mía, Yo no desprecio tus deseos, sino que los satisfago... Yo, el Dios infinito, quiero ser servido de una manera infinita, y vosotros no tenéis infinito más que el deseo, la aspiración de vuestra alma»[9]. Dios inspira nuestros deseos, y en esa acción suya no se limita. Nos los inspira sin pausa, para que los

---

[8] San Bernardo, *Sobre el Cantar,* sermón 33.
[9] *El Diálogo* 51, 4 y 92.

atrapemos al vuelo, y le permitamos darnos luego otro mayor.

Así, pues, el amor y el deseo son inseparables, y se potencian el uno al otro: caridad y esperanza, virtudes teologales reversibles. Mientras más amo, más espero el objeto de mi amor; y un deseo creciente significa un amor también creciente. Es la regla del amor: «Quien no quisiera amar a Dios más de lo que lo ama, de ninguna manera cumpliría el precepto del amor», enseña santo Tomás[10]. En otras palabras, un amor que no desea el crecimiento es amor menguante que no realiza plenamente la esencia de este.

Dios busca siempre intensificar nuestra esperanza, nuestros deseos. Y lo hace a veces de modo aparentemente paradójico: retirándose. Nos lleva entonces por períodos de aridez y sequedad espiritual. Logra así aumentar nuestra ansia, y con eso hace crecer la virtud teologal de la esperanza, que se resuelve en suspiros, en sentimiento de ausencia que nada logra calmar: esos aparentes alejamientos del Amado «sirven para avivar la noticia y aumentar el apetito y, por consiguiente, el dolor y el ansia de ver a Dios»[11]. Dios actúa así para provocar amor, aunque la

---

[10] *Comentario a la Ep. a los Hebreos* 6, 1.
[11] San Juan de la Cruz, *Cántico B* 1,19.

herida parezca en un principio limitar la unión. De este modo prepara el alma para uniones mayores, ya que antes de desposarla —al decir de Teresa—, «se lo hace bien desear. Quiere que lo desee más y que le cueste algo; todo es para más desear gozar al Esposo; desea padecer y emplearse toda en su servicio»[12].

La revelación del hombre renovado por la gracia se da, pues, en el *deseo* de unirse a Dios. *Deseo, desear*, términos empleados con gran frecuencia por los místicos. Los sinónimos a que acuden suelen ser amplios y extensivos: gana, codicia, apegos, afectos, anhelos, herida, grito, gusto, quemadura, llama, sed, fuego que devora, esperanza, amor, ardor, desfallecer... y, sobre todo, apetito. Muchos distinguen un apetito vicioso y otro natural. Dedican repetidas páginas al deseo en sí y a sus valores y desvíos. El deseo es el camino de la unión.

---

[12] *Moradas* 6, 2, 1.

14. LA VIDA AFECTIVA DE JESÚS

Cuando nosotros amamos a una persona y deseamos que nos corresponda, lo que anhelamos es poseer su corazón. En la medida en que ella solo *decide* querernos y conformar su voluntad a la nuestra, nunca creeríamos que es nuestro su verdadero yo. La conformidad de su voluntad con nuestros deseos, sus miradas amables y las atenciones dictadas por su voluntad nos pueden conmover desde un punto de vista moral, pero sentiremos que ella se nos escapa, que *su verdadero yo* no es de nuestra propiedad. En la medida en que advirtamos que los favores que nos hace, que sus servicios y finuras proceden tan solo de una voluntad buena y generosa, sabemos que no poseemos realmente a la persona amada, porque no poseemos aún su corazón.

Si, por el contrario, el corazón de quien amamos rebosa de deseo por nosotros, de emoción ante nuestra presencia, de ansia de unión espiritual, de ilimitada confianza, de sintonía profunda, entonces nos sentiremos completamente satisfechos porque caeremos en cuenta que es nuestro su corazón. Jesús ansía nuestro corazón, esa es su sed, porque Él nos entrega el suyo, y a todo el que ama (sobre todo si ama mucho) le quema el ansia de ser correspondido.

Solamente el amor es capaz de desentrañar las riquezas de la vida afectiva de Jesús, concentrada en su corazón. Y esto es así porque a cualquier corazón solamente se accede por el amor; no hay otra manera de entrar en los corazones. Es falso que haya corazones que se abran por dinero: el dinero lo rinde todo, menos el corazón. Por dinero, el hombre puede convertirse en esclavo y llegar a las mayores bajezas, pero no entrega su corazón. Este tiene una sola llave: el amor, y por él entramos en cualquier corazón, divino o humano. Cuando lo logramos, cuando somos capaces de meternos en un corazón, entonces ese corazón se nos entrega. Se nos entrega porque le entregamos el nuestro, es decir, porque lo amamos.

Entregarle nuestro corazón *rinde* el corazón de Cristo, y entonces ese corazón se nos abre en confidencia y se nos entrega en donación. Nosotros le entregamos el nuestro y Él nos regala el suyo, y se realiza el milagro del amor: todo es común, porque el amor es fuerza unitiva, es disolución, es ruptura de límites, abatimiento de fronteras, hacer de dos uno. Lo de Él es nuestro, y lo nuestro suyo.

En su tratado sobre el Corazón de Jesús, san Juan Eudes invita: «Te ruego que pienses que Jesucristo es tu verdadera cabeza y que tú eres uno de sus miembros; todo lo que es suyo es tuyo: espíritu, corazón, cuerpo, alma, todo. Lo puedes utilizar como si fuera tuyo... Tú eres para él como un miembro para la cabeza, que desea intensamente adoptar todas tus capacidades como si fuesen suyas...»[1] Es este un punto capital en la vida del espíritu, aunque insospechado por muchos. Jesús no solo ruega por nosotros en el cielo ante la faz del Padre, sino que además *es capaz de actuar en cada uno de nosotros sobre la tierra*, en lo más íntimo de nosotros mismos, y más de lo que actuamos nosotros.

Lo que más importa en este intercambio recíproco no es tanto que lo mío sea suyo sino, sobre todo, que lo de Él —la plenitud de perfección de Dios— resulta que ahora es mío. Estamos en el fondo del sentido del amor; hemos comprendido su lenguaje, que es el que habla Dios y el que se habla en su Reino. Dios nos da

---

[1] SAN JUAN EUDES, *Tratado sobre el Corazón de Jesús* 1, 5.

todo lo suyo y nosotros le damos todo lo nuestro. No hay de nuestra parte reserva alguna al egoísmo: el amor es total donación o no es verdadero amor.

Es una fusión del yo y del tú, porque entre el amante y el Amado no existe dualidad: solo existe completa unión, perfecta identidad. «Todo lo tuyo es mío, y todo lo mío es tuyo»[2]. Con su gracia, Jesús abatió toda barrera: nos incorporó a Sí; su amor es un amor de éxtasis, es un amor que arrebata porque nos funde en Él, identificándonos con Él. Su amor hace de cada uno un *alter ego* o, mejor, hace de mí otro Él, me hace Él, me da —para que viva yo— su vida y su Amor.

Ya no puede hacer más por nosotros. Ya no puede amarnos con un Amor más perfecto. Este Amor de Cristo, que excede todas nuestras esperanzas y todos nuestros sueños, este Amor de Cristo manifestado en su Corazón Sagrado, es el que pide la limosna de nuestro amor, el que quiere nuestro corazón, no solo nuestra voluntad, sino nuestro corazón con todas sus manifestaciones.

Dios da como quien es, y nosotros nos asombramos con sus dones. Habiendo comprendido que carecen de medida, podríamos aventurarnos a dar un paso más, y decir ahora que Jesús no

---

[2] *Lucas* 15, 31; *Juan* 17, 10.

solo nos invita a dejar de tener cualquier distancia entre Él y nosotros, y por tanto *está dispuesto a dejar que hagamos con su corazón cuanto nos dé la gana*. Con su corazón queremos, curamos con su suavidad, son sus ojos los que en los nuestros vuelven a mirar, y ahora hablamos con las entonaciones de su voz. Nos regala para siempre —es Dios generoso— sus mismos sentimientos, si queremos. «Tengan en sus corazones los mismos sentimientos de Jesús en el suyo»[3]. A Él todo le es presente y a nosotros, por la comunión de los santos, todo nos pertenece. Nos cuesta trabajo comprender estos misterios, que son una manifestación más del infinito Amor de Dios, que da como quien es. Ya nos dio, en prenda de su Yo íntimo, su Yo sacramentado. A veces no entendemos cómo tiene tanta confianza de algo tan valioso con seres tan descuidados como nosotros. Con Él escondido en la Hostia hacemos lo que se nos antoja: viene al pan cuando decidimos que venga y ahí se queda hasta que disponemos comerlo. Lo trasladamos de aquí para allá, lo visitamos o lo dejamos abandonado; a veces incluso hasta lo profanamos. Y deja hacer. Así nos deja hacer con su Presencia por la gracia: para que hagamos con Él cuanto deseemos. Él deja hacer.

---

[3] *Filipenses* 2, 5.

En cierta ocasión dijo Jesús a una mujer: «Sea tal cual es tu fe»[4]. Esta expresión la interpretaba Teresa para sus hijas diciéndoles: «Como quisiereis, le hallaréis»[5]. Nosotros podríamos traducirla un poco libremente haciéndole decir: *Yo seré para ti el que tú quieras que sea.* Si lo tratamos como a un extraño, será para nosotros juez, y nuestra relación con Él será distante y temerosa. Si es para Él nuestra confianza, será nuestro Salvador. Y si vivimos en su intimidad, será el Amado de nuestra alma. Y sabremos entonces que no existe para Él otra alma que la nuestra, pues es la elegida de su Amor... y será hasta ese momento cuando alcancemos a comprender por qué nadie se arrepiente de haberse entregado al Amor[6].

---

[4] *Mateo* 8, 13.

[5] *Camino de perfección* 26, 3.

[6] «No, no me arrepiento de haberme entregado al amor». En medio de grandes sufrimientos, Teresa de Lisieux, volviéndose a su hermana Celina, pronunció estas palabras el día de su muerte, 30 de septiembre de 1897.

15. UN DIOS OLVIDADIZO

Cuenta una historia que cierto sacerdote estaba harto de una anciana que cada semana lo abrumaba con supuestas revelaciones que Dios personalmente le hacía. Con toda regularidad la buena señora entraba en comunicación directa con el cielo y recibía mensaje tras mensaje. El confesor, queriendo discernir de una vez por todas lo que de cierto había en dichas comunicaciones, dijo a la mujer: "Mira, la próxima vez que veas a Dios dile que, para que yo me convenza de que es Él quien te habla, te diga cuáles son mis pecados, esos que solo yo conozco". La semana siguiente regresó la beata: "¿Hablaste con Dios?" "Sí", contestó esta. "¿Y te dijo mis pecados?" "Me dijo que no me los podía decir porque ya los había olvidado".

No dice la historia si el sacerdote se convenció de la verdad de las apariciones. Lo que sí supo es que era buena teología la de la vieja: Dios no solo perdona nuestros pecados, sino que una vez perdonados, los olvida. La próxima vez que fallemos (ni Dios ni nosotros lo queremos, pero también somos conscientes de nuestra debilidad) no será la décima, la vigésima o la trigésima, sino la primera. Dios perdona de veras.

A veces medimos a Dios con nuestros parámetros. Calificamos su corazón como si fuera uno más de los que conocemos, e incluso el más severo de cuantos han sido en nuestras vidas paradigmas de aplicación de sanciones. Dios es un corazón infinito, un amor sin límites. Entre todos los atributos divinos —es decir, entre aquellas realidades que distinguen a Dios— el más prodigioso, el más consolador, es el de su Misericordia. Y eso que Dios tiene atributos que nos dejan pasmados, como su infinita Bondad o su Santidad eximia. Pero el de la Misericordia es para nosotros, pecadores, el más consolador. Y solemos olvidarnos de que nadie perdona como perdona Dios.

Quizá sea este olvido lo que nos lleve a mantener distancias con Él, a no atrevernos a mirarlo, y solo muy de tarde en tarde dejamos que se produzca en nosotros el sobresalto de las miradas que se entrecruzan. Suponemos —y con razón— que de ese encuentro de miradas podría seguirse un auténtico fuego abrasador que nos deje realmente destrozados por lo intenso y total, por lo radical de su exigencia. Aunque también podría haber otra razón por la que no nos atrevemos a mirarlo: porque somos indignos. Y es que en la mirada divina descubrimos no solo lo que nos pide, sino descubrimos, como dijimos, cuánto es lo que nos ama. Retraernos ante una mirada así es un peligro muy sutil que el demonio levanta y la desesperanza se encarga de mantener en pie. Porque resulta a tal grado evidente nuestra indignidad que nos parece imposible que pudiéramos ser de los íntimos de Jesús, que pudiéramos merecer al menos un instante la mirada de su Amor infinito.

Deberemos entonces recordar que estamos juzgándolo a Él de acuerdo con los estrechos moldes de nuestro propio modo, olvidando que la especialidad de Dios es precisamente su inagotable Misericordia. Deberíamos comprender que a Jesús le gusta darse a la miseria, aunque sea tanta y tan profunda como la nuestra. Su especialidad es perdonar, como la nuestra es —o debería de ser— comprender. O, mejor, comprenderlo. Como si nos dijera: *Tú ocúpate de mirarme, porque mirando amas. De tus pecados me encargo Yo. Por tu parte, dedícate a amarme.* Hemos, pues, de esforzarnos en comprender esta clase de amor con que Dios nos ama. Él nos ama con la complacencia y la misericordia. Ama principalmente con amor de complacencia al alma en quien ve más de Sí mismo, es decir, ama la imagen divina que en esa alma deposita. Así ama particularmente a su bendita Madre, y a los santos, a los ángeles, a los niños, a las almas puras, porque esa mirada de complacencia no puede reposar sino sobre Él, sobre lo que es de Él, sobre quien se asemeja a Él.

Con el otro tipo de amor, el de misericordia, ama al hombre y a la mujer en quienes encuentra más qué hacer, al alma del pecador en la que descubre abismos mayores que colmar. Este y no otro es el amor de los últimos tiempos, es decir, de los tiempos nuestros. Nosotros podemos desear ser amados por el primer tipo de amor, pero *necesariamente* lo somos por el segundo.

Nuestras virtudes no son la causa del despliegue del Amor divino en nuestros corazones. La causa única es su Amor misericordioso. Ese Amor crea y derrama la bondad de las cosas. A veces esperamos la admiración de Dios y sus premios como resultado de nuestros méritos, y más bien es al revés: Dios nos ama a causa de nuestra miseria; tanto más cuanto más miserables nos encuentra. Tal es el modo de proceder de la madre con el hijo débil, con el solitario, con el enfermo. Y con su niño enlodado: lo persigue hasta que logra darle una buena lavada. Si alguna vez nos sentimos incómodos al aceptar la gratuidad de un Amor misericordioso —como si nuestra personal dignidad se rebajara— es que no hemos comprendido la gracia de la Redención, y entonces sí deberíamos echarnos a llorar porque creemos merecer un premio según justicia: «Por Él —dice san Pablo— sois vosotros lo que sois en Cristo Jesús. Él fue hecho por Dios sabiduría, justicia, santificación y redención *para nosotros* a fin de que, según está escrito, el que se gloría, gloríese en el Señor»[1].

Es posible que entonces nos invada la falta de fe y de confianza, o quizá la vergüenza. Falta de fe en que de hecho nos mira; falta de confianza en ser destinatarios de su atención. O vergüenza de nuestra indignidad ante la santidad sin mancha de esos ojos. Hagamos entonces lo que Teresa de Lisieux, que no se sentía con fuerza para entregarse como víctima a la justicia divina y elige ofrecerse al Amor misericordioso. Cuanto más nos dejemos amar por Dios, tanto más rápidamente llegaremos a Él. Entonces, en medio de nuestros pecados y ante la tentación de la desesperanza, nos encontraremos sostenidos por esos ojos que despliegan una dulzura extremada y un extremado amor.

---

[1] *I Corintios* 1, 30-31.

16. MOVIDOS POR EL ESPÍRITU

Jesús posee el Espíritu Santo con una plenitud que no tiene medida, no solo porque como Verbo es una sola cosa con Él y con el Padre, sino también porque como hombre, en virtud de la unión hipostática, su alma santísima está invadida totalmente por el divino Espíritu. Si así no fuera, nuestra alma humana sería superior a la de Cristo en el orden de la gracia, porque esa gracia es el efecto de la presencia del Espíritu Santo en ella. Pero no: en el alma humana de Jesús no solo está la gracia santificante, sino que está la totalidad de ella. «Aquel a quien Dios ha enviado —dice san Juan— habla palabras de Dios, pues Dios le dio el Espíritu sin medida»[1]. Jesús, que posee «toda la plenitud de la divinidad»[2], posee también la plenitud del Espíritu Santo que es, por antonomasia, *su* Espíritu.

---

[1] *Juan* 3, 34.
[2] *Colosenses* 2, 9.

Su mismo nombre, Cristo, que procede de la traducción griega del término hebreo Mesías, significa *ungido*. En Israel eran ungidos en el nombre de Dios los que le eran consagrados: reyes, sacerdotes y, excepcionalmente, profetas. Pero *el Ungido* por excelencia debía ser el Mesías que Dios enviaría para instaurar definitivamente su reino, y su unción no habría de ser con aceite sino con el Espíritu. La consagración de Jesús no es sino invasión de todo el Espíritu divino en su alma humana. Su eterna consagración mesiánica fue revelada en el tiempo de su vida terrena en el momento de su bautismo por Juan cuando «Dios lo ungió con el Espíritu Santo y con poder»[3]. Sus obras y sus palabras lo dieron a conocer como «el santo de Dios»[4]. Por ello el Espíritu Santo es llamado en la Escritura «el Espíritu de Jesús»[5], «el Espíritu de Cristo»[6]. Toda la vida del Salvador se desarrolla bajo el influjo del divino Paráclito. Su concepción se realiza por obra del Espíritu Santo que desciende sobre María y la cubre con su sombra. Luego, desde los primeros instantes de su existencia, Jesús, lleno del

---

[3] *Hechos* 10, 38.
[4] *Marcos* 1, 24; *Juan* 6, 69.
[5] *Hechos* 16, 7.
[6] *Romanos* 8, 9.

Espíritu Santo, lo derrama en torno a Sí: cuando en el vientre de su Madre se aproxima a Isabel, esta queda llena del Espíritu Santo[7]. Igualmente, al ser presentado en el Templo, Simeón «movido por el Espíritu»[8], sale a su encuentro y reconoce en Él al Salvador.

El divino Espíritu obra incesantemente en el alma de Jesús, que se muestra dócil a su impulso de la manera más perfecta. El Espíritu Santo sale al encuentro de esta sublime criatura que es el alma humana del Señor: la invade, la dirige, la mueve al cumplimiento de su misión y la lleva a Dios con un impulso fortísimo, precisamente porque ella está totalmente bajo la influencia de su moción. Y como el Padre tiene sus complacencias en Cristo, su Hijo amado, también el Espíritu Santo «tiene sus delicias en habitar en el alma del Redentor como en su templo preferido»[9].

Pero Jesús no tiene esa plenitud para Él solo. Antes de subir al cielo, dijo a sus Apóstoles: «Permaneced en Jerusalén, pues voy a enviaros al Espíritu Santo»[10]. Como si les dijera: "no comencéis vuestra misión hasta que hayáis recibido

---

[7] Cf. *Lucas* 1, 41.
[8] *Lucas* 2, 27.
[9] Pío XII, Enc. *Mystici Corporis*.
[10] Cf. *Lucas* 24, 49.

al Espíritu Santo". Y el día de Pentecostés, en efecto, el Espíritu Santo desciende sobre los suyos transformándolos por completo. La Iglesia ha sido ya fundada, y desde entonces sus miembros recibimos de Él gracia por gracia. Con su pasión y muerte nos ha merecido su Espíritu, y quiere derramarlo cada vez más abundantemente en nuestros corazones, logrando que el Santificador tome la dirección de nuestras vidas y nos lleve a la santidad. La benéfica acción interior del Paráclito se hace presente desde entonces en el cuerpo místico del Salvador, y es el mismo Salvador el que nos invita a pedir al Padre que nos envíe al Espíritu Santo: «Si, pues vosotros, siendo malos, sabéis dar cosas buenas a vuestros hijos, ¡cuánto más el Padre dará desde el cielo el Espíritu Santo a quienes se lo pidan!»[11].

Podemos recordar cómo, en los primeros siglos de la Iglesia, la acción del Espíritu Santo en las almas se revestía de formas exteriores que le hacían manifestarse públicamente. El día de Pentecostés, dijimos, descendió en forma de lenguas de fuego para tomar posesión de los Apóstoles y, por ellos, de la Iglesia entera. Descubrió su presencia en la transformación que ellos experimentaron, y su poder en las obras maravillosas

---

[11] *Lucas* 11, 13.

que realizaron. Intervino frecuentemente en la vida de la primitiva comunidad cristiana por sus iluminaciones claras o simbólicas, así como por sus mandatos y mociones.

Parecería, sin embargo, que desde entonces el Espíritu Santo se hubiera ocultado progresivamente en las profundidades de la Iglesia y de las almas. No sale ya del seno de esa oscuridad sino en contadas manifestaciones. Esto no supone decadencia de su poder, sino cambio en su modo de actuar. Continúa siempre viviente entre nosotros, presto a derramarse en aquel que se abra a su soplo benéfico. Pero, bien sea porque el Espíritu Santo se ha ocultado o más bien porque, menos ferviente y más materializada, la humanidad no ha pensado en servirse de su influjo, no tomamos suficientemente en cuenta ese inefable regalo que mueve nuestro organismo sobrenatural.

Una dificultad para captar la acción del Espíritu Santo en nosotros estriba en lo silencioso de su acción. Él nos revela al Verbo, «su palabra viva, pero no se revela a sí mismo. El que "habló por los profetas" nos hace oír la Palabra del Padre. Pero a Él no le oímos»[12]. Será porque el amor es amigo del silencio, y

---

[12] *Catecismo de la Iglesia Católica*, n.º 687.

mientras mayor es su fuerza con tanto más re-doblado celo lo esconde a las miradas curiosas. Los enamorados mantienen oculto su amor, porque pertenece al orden de su intimidad, de su ser profundo. El Amor que Dios nos da también es así, o, mejor, es así de modo ejemplar y como causa eficiente de todo otro amor. No nos extrañará, entonces, que el Espíritu Santo sea silencio, reserva, intimidad.

El Huésped divino que está en el centro de nuestra alma ha ido realizando la transformación interna que, mejor o peor, ha hecho de nosotros instrumentos dóciles a su acción. Hemos estado moviéndonos en el terreno del Espíritu Santo y de sus dones. Esos dones nos hacen vivir anticipadamente, sobre la tierra, con un alma divina, a imitación de las costumbres de la Trinidad. Si fuimos capaces de meditar las verdades de nuestra fe, si hemos recibido luces para captar mejor la inhabitación de la Trinidad en nuestra alma, si hemos entendido a Dios como Padre, si hemos dirigido la mirada de nuestro corazón a Jesús para transformarnos en Él, es porque el Espíritu estaba ya antes en nosotros. Ha sido Él quien nos ha hecho intuir los resplandores del Amor divino, quien nos ayudó a captar la mirada del Señor o a meternos en su Corazón, si con nuestra vida de infancia logramos hacer sonreír a nuestro Padre-Dios, o si supimos reposar nuestra alma en el regazo de María y con ese aliento vencer nuestra debilidad, ha sido por su acción silenciosa. Lo menos que podríamos hacer es agradecerle tanto don y tratarlo más —quizá ahora un poco interesadamente— para que siga *haciendo de las suyas* en nuestra alma.

17. UN MUNDO LLENO DE ÁNGELES

Decía Orígenes que el mundo entero está lleno de ángeles. Sin embargo, a pesar del poco espacio que necesitan para vivir, nuestra sociedad tecnológica no le ha reservado ninguno. ¿Qué valen ellos —suponiendo que existan— ante los emporios financieros o la inteligencia artificial? ¿Qué, ante mis ilimitadas posibilidades de diversión? ¿Qué, ante mis incursiones en la red? El mundo moderno le ha dado la vuelta al pasaje del Génesis: si fueron los ángeles quienes expulsaron del paraíso terrenal al hombre, somos ahora los hombres de hoy quienes hemos pretendido expulsarlos de nuestros paraísos artificiales.

Pero ellos están ahí. No nos roban espacio ni tampoco estorban nuestros pasos. Están ahí vigilantes, atentos, como insinuándonos un mundo mucho más maravilloso que el sensible. Vivimos a diario con ellos y nuestra alegría debería brotar de esta comunidad en la que se da el encanto, lo numinoso, lo sutil, la inspiración. A veces el hombre intuye esa inefable presencia y afirma de un individuo agradable que *tiene ángel,* o de una cantante extraordinaria que *canta como los ángeles.* Y, cuando quiere desearle a alguien un descanso reparador y feliz, le dice por la noche *que sueñes con los angelitos.*

El maestro Eckhart decía que «un ángel es solo eso, una idea de Dios». Pero una idea que existe a nuestro lado, una idea *real* que nos podría proporcionar alegría y consuelo en caso de que les abriéramos espacios. Pensemos en esa sonrisa tan conocida del ángel que un escultor medieval dejó esculpida en la catedral de Reims. Pensemos en los rostros radiantes de los coros celestiales pintados por fra Angélico. Pensemos en los mundos imaginados por los más creativos productores cinematográficos. No seamos injustos: intentemos darle cabida a ese mundo que Dios quiso crear y a la discreta presencia de los seres que lo pueblan.

Pero ¿cómo aceptarlos si nunca hemos comprobado su existencia? La respuesta es: a través de la fe. La fe es el motivo fundamental que nos lleva a afirmar la existencia del mundo angélico, porque la fe es la respuesta a la revelación de Dios, y Él nos ha hablado de ellos. Él ha considerado oportuno descubrirnos la existencia de los espíritus creados. Podría no haberlo hecho y nos hubiéramos quedado tan tranquilos, así como estamos ahora en que, muy posiblemente, no damos a los ángeles mayor espacio en nuestras vidas.

La intuición de los hombres, sin embargo, sueña con mundos que trasciendan la pesantez de la materia. Que existan seres superiores, luminosos, inspiradores, hermosísimos, no sujetos a enfermedades, ni a controles policiales, ni a gravámenes fiscales, ni al hambre, ni a la sed, ni a la muerte. Ya en los albores de la vida humana sobre la tierra se intuía su existencia. La creencia en seres espirituales superiores al hombre e inferiores a Dios era entonces universal. A veces esos espíritus eran buenos y, otras, malos, y se les unía a distintas realidades que ellos vivificaban —ríos, bosques, animales, montañas...—, pero sus características eran constantes: inmaterialidad, poder superior, mediación entre el hombre y la divinidad... Las mitologías griega y romana, por ejemplo, muestran que el pueblo creía en su existencia. Pero no era solo el pueblo ignorante el que creía en ellos; los filósofos no eran ajenos a tal creencia. Pitágoras y Tales de Mileto los colocaban en los umbrales del ámbito divino. Sócrates conversaba familiarmente con uno de ellos y Platón y sus discípulos llenaron el mundo con inteligencias puras o dioses secundarios. Aristóteles, por su parte, creía que eran ellos quienes movían los cuerpos celestes. Otro tanto podemos decir de las civilizaciones y literaturas nórdica, eslava, maya o inca. Todo apunta a que los ángeles no constituyen un invento del cristianismo.

Prescindiendo de los relatos populares, los encontramos en la Sagrada Escritura desde el principio. En la expulsión de Adán y Eva del paraíso, en el ángel que detuvo la mano de Abraham cuando iba a sacrificar a su hijo Isaac, los que mataron a los primogénitos de los egipcios, los que condujeron a la victoria a los Macabeos... Y, en el Nuevo Testamento, un ángel fue quien se apareció al sacerdote Zacarías en el Templo y a una doncella nazarena llamada María, y a su esposo José durante un sueño... Jesús mismo, el Hijo de Dios, fue servido por los ángeles en el desierto y confortado por uno en el huerto de los Olivos. Luego, a lo largo de los siglos, los ángeles aparecen innumerables veces en la vida de los santos, incluso en nuestros días.

Podríamos también, con la sola inteligencia, aducir algunas razones de conveniencia de esa creación de Dios. Sin olvidar que, ante todo es una verdad de fe, que la aceptamos por la revelación divina y que no podemos comprobarla sensiblemente, a menos que Dios se digne hacer una excepción.

¿Qué nos dice, pues, la razón al respecto? Nos dice que existen distintas perfecciones de los seres. Hay seres puramente materiales, como las piedras y los vegetales. Otros que participan a la vez de la creación material y espiritual, como nosotros (y solo nosotros, al parecer). Por eso, para que la creación estuviera completa —y, por tanto, perfecta, lo que es siempre propio de Dios— harían falta *seres creados puramente espirituales*. Esos serían los ángeles.

El hombre manifiesta a Dios más que la hormiga o la hoja del árbol, siendo como es el rey de la creación material precisamente porque es espiritual. En nuestro caso, el espíritu humano necesita de nuestra corporeidad para manifestarse: si sufro un ictus cerebral es posible que ya no pueda hablar ni escribir. Mi espíritu necesita materia para trenzar su pensamiento, y es a través de la materia como conseguimos nuestra perfección intelectual y moral. Pero no ha de ser así necesariamente. Al perro no le hacen falta alas, ni al erizo manos. La materia no viene exigida por el espíritu. Y es aquí, otra vez, donde encontramos la conveniencia de que existan espíritus creados que sean independientes de cualquier mediación material. Resulta sensato pensar, pues, que la perfección divina haya creado estos seres como manifestación de su poder.

Los argumentos anteriores no son pruebas demostrativas de la existencia de los ángeles, pues Dios es libérrimo en su designio y pudo haber dejado ese hueco en su obra creadora. Pero sí son razones de conveniencia, ya que la realidad tiene un arriba y un abajo, sin los que le faltaría totalidad, plenitud y perfección. Quedaría restringida a la pura materia y no tendría aquella profundidad y altura misteriosa (numinosa) que han barruntado pensadores y poetas.

Pensemos, por ejemplo, en ese *algo especial* que tienen ciertas personas o situaciones. ¿No será como un lejano eco de la presencia de los seres superiores llamados ángeles? Ese *algo especial* aparece, pongamos por caso, en el candor de los bebés o en el encanto de ciertas mujeres: «No es precisamente una belleza, pero tiene *un no sé qué*». Sobre el *no sé qué* han escrito Gracián, Cejador, Cervantes, Polo de Medina, Feijoo, Pineda... Montesquieu, en su *Ensayo sobre el gusto*, dice: «A veces en las personas y en las cosas existe un encanto invisible, una gracia natural indefinible y que forzosamente se ha de llamar el *no sé qué*». El *no sé qué* quedó consagrado como expresión literaria en la séptima canción del *Cántico espiritual* de san Juan de la Cruz: «Y todos cuantos vagan /

134

de ti me van mil gracias refiriendo, / y todos más me llagan / y déjanme muriendo / un no sé qué que quedan balbuciendo».

Ese *no sé qué* es como un resplandor que alcanzamos a percibir del misterio que nos trasciende. No queremos con esto decir —lo repetimos de intento—, que el *no sé qué* sea una prueba conclusiva de la existencia de los ángeles. Se trata de una mera intuición. Por eso la única forma de saber con certeza de los ángeles, repetimos, es la Revelación de Dios. Dios no puede engañarse ni engañarnos y es, además, la primera causa de todo.

No son meros símbolos. A veces hemos creído adivinar, junto a nosotros o en nuestra mente, alguien impalpable, discreto, dulce, protector, que nos libera de un peligro, nos inspira, nos consuela y guía. ¿Has sentido la respiración de un ángel en la suave brisa? ¿Has escuchado su susurro entre el crujido de las hojas? ¿O te ha besado en un solitario copo de nieve? A veces, con un dedo sobre los labios, nos trae un mensaje al cual es necesario asentir. La escena de la Anunciación, en la que Gabriel habla con la Virgen para pedirle su *sí*, se repite muchas veces en el curso de nuestras vidas.

18. CONMIGO, UN PRÍNCIPE
DEL CIELO

DESTINAR UN PRÍNCIPE celestial para cada ser humano podría parecernos una extravagancia de la generosidad divina. Pero ese pensamiento quizá obedecería a que desestimamos aún la dignidad del ser humano dentro de los planes del Arquitecto divino. Bajo esta misma suposición no nos sería fácil aceptar que «tanto amó Dios al mundo que le envió a su Hijo único»[1]. El hombre tiene tanto valor a los ojos del Padre que al vernos a nosotros ve a su mismo Hijo. Tiene un irrefrenable deseo de salvarnos. Viendo, pues, nuestra debilidad, no dudó en asignarnos de por vida la compañía de un príncipe celestial.

Recordemos nuestra infancia. Desde niños sabemos que tenemos un ángel guardián. Jesús lo dice explícitamente: «Cuídense de menospreciar a uno de estos pequeños, porque yo les

---

[1] *Juan* 3, 16.

digo que sus ángeles, en los cielos, ven continuamente el rostro de mi Padre que está en los cielos»[2]. Y san Jerónimo da una razón muy convincente: «La dignidad de un alma es tan grande, que cada uno tiene un ángel guardián desde su nacimiento»[3].

Parecería que todo el libro de Tobías, más que cualquier otro, está dirigido a enseñarnos la consoladora realidad de un ángel guardián, que no es solo compañero y protector, sino también intercesor. Un día, el arcángel Rafael le revela a Tobías: «Ofrecí oraciones al Señor por ti»[4].

La existencia de ángeles guardianes es considerada verdad de fe. Pero que cada hombre tenga su propio ángel guardián no es de fe, aunque la afirmación está avalada por muchos testimonios de Padres de la Iglesia[5] y de experiencias vividas de los santos. Negarlo sería, por lo menos, temerario. Y, sobre todo, estaríamos en riesgo de omitir uno de los más maravillosos regalos que Dios nos ha dado.

---

[2] *Mateo* 18, 10.

[3] *Comm. in Matt.* XVIIII, lib. II.

[4] *Tobías* 12, 12.

[5] La declaración más temprana la debemos a san Ambrosio: «Debemos rezar a los ángeles que nos son dados como guardianes» (*De Viduis*, IX). Algo semejante dice san Agustín en *Contra Faustum*, XX, 21.

De manera que, si bien no es dogma de fe, sí es algo creído comúnmente. La Iglesia no la ha definido como obligatoria, pero la sostiene toda ella, tanto en su Magisterio como en el sentir universal de los fieles. Santo Tomás de Aquino argumenta que la presencia de los ángeles custodios en el mundo es un aspecto de la Providencia. Entre la naturaleza divina y la de los hombres —enseña— está la naturaleza angélica, y como las cosas inferiores se cuidan por medio de las superiores, es lógico que Dios en su Providencia haya querido servirse de los ángeles que ayuden a los hombres a lograr su fin, evitándoles dificultades que impedirían su progreso[6].

Siempre ha sido bueno para el hombre verse acompañado de quienes aspiran a nobles ideales y tienen talento. Su papel en la vida se enriquece al relacionarse con aquellos de quienes puede aprender alguna cosa, imitar en algo, enriquecerse en algo. Por eso, si no frecuentamos la compañía de los ángeles, estaremos prescindiendo de una relación que podría habernos trasmitido esperanza, haciéndonos sentirnos orgullosos de pertenecer a la gran familia de los seres inteligentes (de la cual somos el más

---

[6] Cf. *In II Sent.*, d. 11, q. 1, a. 1, sol.

modesto miembro), y darnos confianza al saber que no estamos solos.

En el mundo angélico el alma humana se siente a gusto, en su casa, como no lo puede estar en un mundo inferior, el puramente animal. No nos sentiríamos cómodos en un zoológico; y sí, y mucho, en la sociedad de los ángeles. Con ellos, encontramos el lenguaje común del espíritu, la rápida comprensión, la fácil simpatía e incuestionable ayuda que nos permiten ser nosotros mismos y sentirnos relajados y tranquilos. Porque lo mejor del hombre reside en el espíritu.

Pensemos en otro drama personal y social: la soledad. No cabe duda de que la soledad no buscada produce pena. Hay una soledad positiva, aquella que nos permite entrar en una más honda comunicación con el Dios que nos inhabita. Pero hay otra que nos cruje el alma: cuando notamos que hemos perdido un consuelo, una persona amiga, un gran conversador, alguien que nos sacaba de nuestra monótona rutina.

Podemos estar rodeados de personas y, sin embargo, seguimos sintiéndonos solos. ¿No remediará este dolor la amistad con nuestro ángel? Es verdad que la remedia, y mucho, la amistad con Jesús, con María… pero Dios sabe que necesitamos también a veces de otro que acompañe nuestro andar por las trochas del mundo, una creatura que nos tienda su mano, que nos conduzca, aunque no la sintamos.

Liberémonos de una vez de la ignominia materialista y lo limitado de nuestros órganos sensitivos. Que no sean nuestro único modo de conocer. Nuestros órganos sensitivos no son más que el medio y el instrumento, bien limitados, por cierto. ¿Acaso no nos hemos percatado que nuestro cuerpo, y el cuerpo de nuestros prójimos son, para ellos y para nosotros, una barrera? Entre cada uno de ellos y cada uno de nosotros hay siempre dos paredes que atravesar, la suya y la nuestra. No somos capaces de alcanzar la realidad íntima más que de forma incierta, a modo de inicio, de conjetura, de inferencia.

Nuestros sentidos se detienen en la superficie y dejan al espíritu continuar como pueda. No ocurre así con los ángeles. Ellos no tienen pared, y tampoco los detiene la nuestra. Su ser espiritual impregna, posee, se une, no solo a nuestra forma, también a ese intrincado e ignoto conjunto de fuerzas y energías por las que nuestra forma se mantiene cohesionada. Su visión no es como la de rayos X o la de una resonancia magnética, sino la incursión en la esencia de las cosas, en sus porqués. ¡Qué dicha contar con un amigo así! ¡Qué seguridad tener un protector en nuestros más recónditos pliegues!

Pero hay que abrirle el corazón. Él no es Dios. No puede trasponer en nuestro interior lo propiamente divino. Pero está el campo de la memoria, de la fantasía, de la vida afectiva, incluso de la belleza creada de la que vemos tan solo un pálido reflejo. Porque la belleza de ellos es indeciblemente mayor. Abrámosle, pues, nuestro corazón. Entonces no habrá nada en nosotros que él no toque, nada que no sea capaz de asociar a aquella libertad que es un privilegio de los hijos de Dios.

Esta amable presencia, esta desinteresada compañía y eficaz servicio, nos pide agradecimiento. Y contrición. Quizá a nuestro ángel no le hemos dado más relevancia que la de aquella estampa de la infancia a la cabecera de nuestra cama de niño. Impresa en papel brillante y de dudosa calidad artística, un personaje etéreo con alas y túnica blanca, con ademán amable de proteger a un par de niños que cruzan un puente, se grabó en nuestra memoria infantil. Y quizá también desde entonces lo hemos dejado olvidado como un pétalo reseco y quebradizo.

Tendremos que pedirle perdón por nuestro olvido. La existencia del ángel no depende de nosotros. Él está ahí, tan cierto y real como el sol y las nubes, aunque no lo veamos por habernos colgado persianas en los ojos. Él sigue viviendo en medio de la fe que Dios ha revelado, por mucho disimulo que acopiemos encima.

Un pecado de ceguera, de insensibilidad y también, dijimos, de ingratitud. Pensemos en el cielo, en el primer encuentro que tendremos con nuestro ángel. Nos inundará muy posiblemente un sentimiento de vergüenza. Nos acusaremos de haber mantenido con él unas relaciones muy distantes, y lo sentiremos. Aparte de su habitual custodia, sabemos que él podría ofrecernos algo más si quisiéramos, algo que podríamos llamar, sin forzar demasiado el sentido de la palabra, amistad.

Ojalá comencemos enseguida. Si subimos los telones del olvido lo encontraremos allí, en el lindero de nuestra alma, vigilante y paciente, contento del encuentro. Nos podremos a andar y, desde entonces, en cada huella nuestra estarán también presentes sus sandalias.

19. ¿UNA MEDITACIÓN DESAGRADABLE?

«No es para mí ningún placer hablarles del diablo, pero la doctrina que este tema me sugiere será muy útil para vosotros»[1]. Al dirigirse a los cristianos de Antioquía, el Crisóstomo refleja nuestro mismo sentir: no nos resulta agradable abordar el tema, pero tampoco es prudente soslayarlo.

Referirse a los demonios nunca ha sido fácil ni placentero. Tampoco lo es hoy. Al intentarlo es preciso evitar dos extremos. El primero, pensar que se trata de una fantasía trasnochada, propia de gente supersticiosa, ajena a la ciencia. Entonces pondremos el tema en sordina. Pero el silencio no ha detenido el avance del satanismo ni su influjo en nuestras vidas. Principalmente a través de las tentaciones, pero no solo a través de ellas: existe también la actividad extraordinaria

---

[1] San Juan Crisóstomo, *De diabolo tentatore, homil.* II, s; *PG* 49, 257-258.

del maligno, las infestaciones, las obsesiones, las vejaciones, las posesiones diabólicas. Y una cada vez más patente influencia en estructuras, grupos, ideologías, medios de comunicación... en la impugnación de la verdad, en la negación de las leyes de la naturaleza del hombre, en la familia, en la sociedad...

Al otro extremo se sitúa el atractivo con que amplios sectores de la sociedad se introducen en el satanismo. Hay actitudes que le hacen el juego como la morbosa atracción por lo pavoroso y horrendo, tal vez dictada por el deseo inconsciente de exorcizar los propios miedos. O también a través de los múltiples engaños satánicos en ciertas técnicas de curación, en fenómenos paranormales, en prodigios inexplicables, en la búsqueda de emociones fuertes...

Vale la pena recordar el equilibrio de la Iglesia. No centra su predicación en el maligno sino en el triunfo del Amor de Jesús. De ahí que «sería injusto afirmar que el cristianismo ha hecho de satanás el argumento preferido de su predicación, olvidando el señorío universal de Cristo y transformando la Buena Nueva del Señor resucitado en un mensaje de terror»[2]. Pero también sería imprudente com-

---

[2] Sagrada Congregación para la Doctrina de la Fe, *Fe cristiana y demonología. Presentación*, 26-VI-1975.

portarnos como si nada tuvieran que decirnos las lecciones de la Redención y de la historia sobre el enemigo de Dios y del hombre.

Creemos en el diablo y en el infierno por el testimonio de la Escritura. Pero también por la existencia del mal en el mundo. No tanto del mal físico, que se explica suficientemente por la corruptibilidad del ser material, sino por el mal moral, la depravación, el extravío y la perversión de la voluntad que, en lugar de querer lo que sabe que está bien, elige deliberadamente su contrario, el mal.

El universo es un campo de batalla, cada uno de nosotros es un campo de batalla. En nosotros se enfrentan el bien y el mal, en el espíritu, el corazón, el cuerpo, todo es campo de batalla. Es campo de batalla todo en mí y alrededor de mí, en los demás hombres y en los bienes de este mundo. Todo puede servir de arma en uno u otro campo, todo puede traicionar. Es una batalla tan entremezclada que resulta volátil, ningún terreno está definitivamente conquistado por un bando o por el otro, no importa qué y no importa quién, todos podemos cambiar de bando en cualquier momento. Los campos solo quedarán separados y zanjados en el más allá, y del más allá no tenemos experiencia. Por malo que sea un hombre, nadie tiene derecho a decir que está perdido para el bien sin remedio. Y al revés: por bueno que sea, nadie puede asegurar que está confirmado en gracia.

El gran privilegio de los judíos fue la claridad de su juicio moral. Sabían muy bien lo que estaba mal. Estaba mal todo lo que se oponía a la voluntad de Yahvé, el mal era una rebelión de la criatura contra su Señor, rebelión que no podía comprometer las bases del imperio de Dios sobre el universo ni su triunfo final, pero rebelión, en cualquier caso. Sabían de seres reales que libraban contra Dios una lucha continua, áspera, inteligente, obstinada, a veces con las apariencias de una autoridad legítima. En esa rebelión los hombres servían más bien de peonaje y de infantería, los grandes señores estaban en otra parte, eran criaturas espirituales, oscuras, soberbias, viles en extremo. Los jefes de ese orgulloso ejército tienen nombres: Belcebú, Belial, Leviatán, la Bestia, Lucifer, el portador de luz…

La manifestación más espectacular y perniciosa de ese dominio del demonio sobre el mundo la vieron los judíos en la idolatría. ¿Cómo expresar la obstinada rebelión contra un soberano legítimo, sino adorando a otro soberano? Para colmo, ¿qué ofensa tan injuriosa adorar, en lugar del verdadero Dios, no ya siquiera un ser espiritual y elevado, sino un reptil, una imagen de madera, o un poste clavado en tierra? Estamos tan tremendamente anhelantes de necesidad religiosa que nos cuesta imaginarnos el culto apasionado que, durante milenios, la humanidad ha rendido a los ídolos, hasta inmolar a sus hijos e hijas en hecatombes a los Molocs, los Baalim, las Astartés, los Huitzilopochtlis, los Tezcatlipocas...

No pensemos que la idolatría se refiere solo a los cultos falsos del paganismo. Es una tentación constante de la fe. Consiste en divinizar lo que no es Dios. Hay idolatría desde que el hombre honra y reverencia a una criatura en lugar del Creador, y a veces esa idolatría se referirá directamente al demonio, como en el satanismo, o indirectamente, cuando el demonio se agazapa tras el frenesí del sexo, la ambición de dinero o de poder, el culto a un ídolo musical o a un caudillo político. La idolatría rechaza el único señorío de Dios para dárselo al engañador.

Y es que en la idolatría el hombre se rebaja al nivel de lo que adora. Se intuye, por eso, que detrás de toda idolatría actúa y maniobra un espíritu superior y maligno que ha consagrado a Dios un odio premeditado, que ha consagrado al hombre el más duro desprecio, y que se alegra de todo lo que puede deshonrar a Dios en el hombre. Un rey está deshonrado cuando deja deshonrar sus estandartes. Ahora bien, la más alta dignidad del hombre es haber sido creado a imagen de Dios, ser el espejo y el estandarte de Dios en la naturaleza material. En algún sitio hay un espectador que se ríe y aplaude cada vez que la imagen de Dios es desposeída de su esencia, cada vez que se pretende violentar la naturaleza del hombre —creatura que pertenece al Creador— negándole, por ejemplo, la realidad de su fisiología o conculcando el respeto a la vida.

Nos creemos demasiado evolucionados, demasiado racionales, demasiado ilustrados, demasiado instruidos y conscientes de la jerarquía de valores, demasiado astutos, para ser idólatras. Afirmamos no adorar a nadie ni a nada. Por el contrario, la empresa de deshonrar a la humanidad, y en especial a la imagen de Dios en el hombre, nunca se ha manifestado con tanta insolencia. No somos nosotros quienes tenemos derecho a reprochar a la Antigüedad las hecatombes inútiles y monstruosas: ¿a qué Moloc, a qué Astarté, a qué Baal hemos inmolado la niñez, la juventud, el matrimonio, la familia, la vida y la muerte? ¿Quizá a nada? En ese caso somos aún más estúpidos, y sin duda aún mejor manejados que los que doblaban la rodilla ante un ídolo de madera, que al menos tenía el mérito de existir.

20. ENEMIGOS AL ACECHO

Sería hermoso pensar solo de Cristo y de su Reino, pero no seríamos fieles ni a sus enseñanzas ni a la batalla que libró Él cuando vivió en la tierra. Él vino «a deshacer las obras del diablo» (*I Jn* 3, 8). Jesús nos habla del Reino de Dios, pero también del reino de satanás; nos habla del poderío de Dios, pero también del poder de las tinieblas, nos habla de los hijos de Dios, pero también de los hijos del diablo. No podríamos comprender la obra redentora de Cristo sin tener en cuenta la obra disgregadora de satán.

Jesús venció a satán y a sus huestes a través de su sacrificio. Pero entre la primera y la segunda venida del Señor, esas huestes son un ejército en retirada que va causando todos los estragos posibles. Ese ejército sigue teniendo un caudillo de gran perfección: el ángel de luz, Luzbel. Era Luzbel el más perfecto ser salido de las manos de Dios, dotado de una reconocida autoridad y superioridad sobre los demás ángeles y —a su parecer—, sobre todo cuanto Dios iba creando pero que, en realidad, no entendía. No entendía —o no quiso entender— que todo el plan de la Creación estaba orientado a la Encarnación del Hijo de Dios, para que fuera Él *todo en todos*. Y de ahí surge su rebelión: Luzbel quería seguir siendo el primero absoluto, y rechaza adorar a un Dios que toma carne. ¿Cómo aceptar que él, tan sublime, tan bello, tan perfecto, perdería su supremacía sobre lo creado?

Luzbel y sus huestes llevan su lucha con desesperación, sabiéndose ya derrotados y sabiendo también que les «queda poco tiempo»[1]. San Pablo nos previene que «nuestra lucha no es contra la carne y la sangre, sino contra (…) los espíritus del mal [los demonios] que están en las alturas»[2]. Y aunque esta lucha concierne a todos los hombres de todos los tiempos, no hay duda de que, en ciertas épocas, el poder de satán se hace sentir con más fuerza a nivel social y a través de los pecados más aberrantes. Pensemos, por ejemplo, en la ruina moral durante la decadencia del imperio de los césares y las fuertes advertencias de san Pablo en su carta a los romanos.

---

[1] *Apocalipsis* 12, 12.
[2] *Efesios* 6, 12.

No sería aventurado afirmar que ahora nos encontramos en un nivel aún más bajo, en el que el secularismo y la dictadura del relativismo han trastornado la conciencia del mundo occidental.

La deserción de Luzbel tuvo grandes consecuencias. Arrastró, no por la fuerza sino con el ejemplo y la persuasión, a otros muchos ángeles que, desde entonces, están sujetos a él. A partir de su rebeldía, estos ángeles pecadores se llaman demonios. Están muertos sobrenaturalmente, imposibilitados para elevarse de nuevo a las alturas de la participación de la vida divina. No pueden producir ninguna obra digna de mérito. Incapaces de amar, conservan sin embargo la perfección propia de su naturaleza.

La perfección de su naturaleza angélica no se perdió, como no se pierde la capacidad intelectual de un asesino en serie. Sus entendimientos continúan con la perfección de su conocimiento natural y sus voluntades son instrumentos espléndidos para la consecución de sus deseos. Pero estas deslumbrantes inteligencias y estas fuertes voluntades quedaron confirmadas en el pecado para siempre. Los demonios no podrán remediar su primera equivocación: en ellos no cabe el arrepentimiento. El ángel no puede volver atrás. La acción de su inteligencia y la determinación de su voluntad son acciones súbitas que perduran eternamente.

Lógicamente, esta deplorable decisión no produjo en ellos sino tristeza, tristeza penetrante, desesperación proporcionada al gozo inmenso de que hubieran sido capaces las luminosas voluntades de los demonios. Se odian a sí mismos y su odio se extiende a las obras de Dios. La salvación de los hombres, el gozo de los bienaventurados, su propia miseria en el infierno, son para ellos fuentes constantes de tristeza. Su misma persona se les vuelve aborrecible.

Algunos demonios son autorizados para andar errantes por el mundo con objeto de ejercitar la virtud humana, excitar la fe de los hombres y hacerles ganar méritos. A pesar de ellos mismos, son colaboradores en los designios divinos de la Redención. Hay otros demonios que nunca han traspuesto las puertas del infierno, como también hay ángeles que nunca han salido del cielo. Ya estén en el infierno o en la tierra, los demonios van siempre acompañados por la pena esencial del infierno: la ausencia del fin para el que fueron creados, el conocimiento desesperante de que están perdidos para siempre.

Ahora bien, los demonios no son unos anarquistas que van por su cuenta destrozando cuanto encuentran a su paso. Tampoco son guerrilleros que se emplean en combates fuera de todo control. Están completa y taxativamente sujetos a Dios. El alcance y el poder de los ataques diabólicos contra los hombres también están sometidos a la ordenación divina. La Providencia es suficientemente sabia y poderosa para encuadrar toda esa acción dentro del plan efectivo del mundo. Dios escribe derecho en renglones torcidos.

Esa Providencia permite en ocasiones que el demonio haga un despliegue espectacular, por ejemplo, atacando físicamente a los hombres. Lo anterior pudiera ser una noticia que diera propaganda a las huestes de satán, en caso de que necesitaran propaganda. Sin embargo, desde el punto de vista moral, tales actos carecen de importancia. Lo único que tiene importancia es la cerrazón del hombre a la gracia, el rechazo del auxilio divino, el pecado.

Esos ataques demoníacos extraordinarios pueden ser de muy distinto tipo. Desde la violencia física como la padecida por san Pablo de la Cruz, el cura de Ars, santa Gema Galgani o el padre Pío —que fueron golpeados, flagelados y apaleados por demonios—, hasta el tormento más grave, que consiste en la posesión diabólica, que se produce cuando el demonio se apodera de un cuerpo (no de un alma) y lo hace actuar o hablar como él quiere, sin que la víctima pueda resistirse. Hay también infestaciones diabólicas, vejaciones, obsesiones demoníacas o sujeciones, de las que los exorcistas —benemérita labor— tienen cumplida experiencia. Pero la acción ordinaria del demonio, aquella que está orientada a todos los hombres, es la de tentarnos para el mal. Incluso Jesús aceptó esta condición humana nuestra, dejándose tentar por satán. A través de la tentación, el demonio obtiene tantos y tan tristes "éxitos" que, al parecer, ya no le hacen tanta falta los modos extraordinarios de manifestar su odio a Dios y a los que son de Dios.

Es sano pensar, cuando volteamos los ojos a nuestra supuesta grandeza, cuando caminamos resueltamente por las sendas de nuestra soberbia, que el más grande de los ángeles cayó. Es sano considerar que, cuando flirteamos imprudentemente ante una tentación, tendremos el mismo desgraciado destino que los demonios. Somos de la estirpe de los ángeles. Es verdad que también nos parecemos a los animales, pero mucho más a los ángeles, porque somos ante todo espíritus. Somos miembros de un linaje espiritual. Y los demonios no son meros mitos. Son realidades terribles, son enemigos dotados de naturaleza superior, consumidos por su odio a Dios y todo lo que tenga su sabor. Su odio les induce a emplear su inteligencia en obstaculizar el Reino de Dios en la tierra, así como nuestra amistad con Dios y nuestra vida eterna con Él.

21. EL TÍTULO ESENCIAL DE MARÍA

Madre de Dios, título esencial de la Santísima Virgen al que es necesario volver siempre, distinguiéndolo —como hacen justamente los ortodoxos— como el primero en la lista de todos los títulos marianos. Encabeza el elenco no solo de las fiestas de la Virgen, sino también de los días del calendario. A la Santa Madre de Dios la celebramos el primero de enero. La verdad dogmática de la maternidad divina de María fundamenta toda otra prerrogativa y grandeza de Ella: su Inmaculada Concepción, su Virginidad perpetua, su plenitud de gracia, su Asunción a los cielos, su reinado universal. Dios la ha llenado de sus complacencias precisamente por el designio ineluctable de haber sido elegida *Madre de Dios.*

«Aquello que los cielos no pueden contener se ha encerrado en tus entrañas y se ha hecho hombre», le canta a Ella un antiguo responsorio de Navidad.

María es la única criatura que, dirigiéndose a Jesús, puede decir lo que el Padre celestial le dice a Él: "Tú eres mi hijo"[1]. San Ignacio de Antioquía afirma con toda sencillez, casi sin darse cuenta de la dimensión a la que proyecta a una criatura, que Jesús «es de Dios y de María»[2]. Algo así como cuando nosotros decimos que alguien es hijo de tal y de tal.

El título de *Madre de Dios* coloca a María en relación única con la divinidad, pues hace referencia al orden hipostático. Este orden es superior al de la gracia y al de la gloria, y por eso sobrepasa a todas las demás dignidades creadas, incluidas la dignidad de la filiación divina adoptiva y la dignidad conferida al sacerdote católico. La gracia habitual puede perderse, pero no la gracia de la Maternidad divina, que otorga a María el derecho no solo a la herencia eterna sino también al dominio sobre todas las cosas.

Madre de Dios: el más antiguo e importante título de Ella, primer dogma mariano que los cristianos hemos de creer, fundamento mismo de la mariología. Porque María no es, en el cristianismo, objeto solo de devoción sino también de teología: forma parte de la reflexión sobre

---

[1] *Salmo* 2,7; *Hebreos* 1,5.
[2] San Ignacio de Antioquía, *Carta a los Efesios* 7, 2.

Dios, porque Dios está directamente implicado en su Maternidad: «El solo nombre de *Theotókos* contiene todo el misterio de la salvación», escribió el Damasceno[3].

El título expresa una realidad superior a nuestra capacidad de comprensión. ¿Qué alcances tiene decir que Dios ha creado una Madre para Sí? Al menos vislumbramos que, al lado de Ella, toda la grandeza del universo con sus astros deslumbrantes, sus miríadas de ángeles, sus espacios inmensos, sus sentimientos más sublimes, la creación entera en su totalidad, se vuelve insignificante.

Dios, incapaz de hacer otro Dios, ha hecho lo que más podía: una *Madre de Dios*. Pero esta verdad de fe no ha sido aceptada siempre con serenidad.

En el año 428, Nestorio, patriarca de Constantinopla, le negó el título, reconociéndole solo el de Madre de Cristo —*Khristotókos*—, o bien *Antropotókos,* Madre del hombre. Pero no *Theotókos.* Por ello el emperador Teodosio II convocó un concilio ecuménico en Éfeso, ciudad elegida no solo por su accesible posición geográfica sino también porque su Catedral estaba dedicada, precisamente, a la Madre de Dios.

---

[3] *De fide ortodoxa,* III, 12: PG 95, 1029.

El 21 de junio de 431 comenzaron las sesiones, que culminaron con la condenación y deposición de Nestorio. Unos 200 obispos firmaron la sentencia. La proclamación de los Padres se redactó con palabras vibrantes: «No se puede decir que Jesucristo naciera de la Santísima Virgen como otro hombre cualquiera, y que solo después de su nacimiento el Verbo descendió sobre Él, sino que más bien se unió —a la carne— en el seno de María y así nació según la carne. Por esta razón los Santos Padres la han proclamado claramente *Theotókos*, o sea, *Madre de Dios*».

Así como toda madre da a su propio hijo el cuerpo —no el alma, que es infundida directamente por Dios—, y a pesar de eso no se le llama «madre del cuerpo», sino sencillamente madre, madre de todo lo que uno es, porque cuerpo y alma forman una sola realidad, así María debe ser llamada *Madre de Dios*, aunque haya dado a Jesús solo la humanidad y no la divinidad, porque en Él humanidad y divinidad forman una sola Persona.

Cuando se conoció la decisión del Concilio, estalló el júbilo en los habitantes de Éfeso, que esperaron a los Padres fuera del aula y los acompañaron con antorchas y cantos hasta sus casas[4].

---

[4] «El pueblo entero de la ciudad de Éfeso, desde las primeras horas de la mañana hasta la noche, permaneció ansioso en

Esta proclamación produjo un considerable aumento de devoción mariana, devoción que nunca se habría ya de apagar, y que se tradujo en fiestas litúrgicas, en la utilización de iconos de la Virgen destinados al culto, en himnos, advocaciones, y en la construcción de innumerables templos y ermitas dedicados a Ella.

El título *Madre de Dios* obtuvo en Éfeso un reconocimiento oficial e indiscutible, y nosotros nos alegramos con él, y lo repetimos tranquilamente. Pero los cristianos de hoy, tantos siglos después, corremos el riesgo de que ya no nos conmueva. Decimos *Madre de Dios* con el mismo tono, con la misma rutina con que decimos "París es la capital de Francia". Decimos *María, Madre de Dios* sin experimentar emoción alguna, ni ternura, ni estupor, ni alegría, ni orgullo. Tendríamos que reconquistar el título, como quien reconquista un continente, como quien recobra una ilusión perdida. Tendríamos que volver a experimentar lo de aquellos habitantes

---

espera de la resolución... Cuando se supo que el autor de las blasfemias había sido depuesto, todos a una voz comenzaron a glorificar a Dios y a aclamar al Sínodo, porque había caído el enemigo de la fe. Apenas salidos de la iglesia, fuimos acompañados con antorchas a nuestras casas. Era de noche: toda la ciudad estaba alegre e iluminada» (SAN CIRILO DE ALEJANDRÍA, *Epistola*, 24: PG 77, 138).

de Éfeso, que un día feliz oyeron de los Padres conciliares la confirmación dogmática de aquello que les decía el corazón.

22. DESCANSAR EN UN REGAZO

Todo lo que Jesús es para nosotros, todo lo que por nosotros ha hecho con su expiación, satisfacción y méritos, todo el valor moral intrínsecamente infinito de las más pequeñas acciones de un Dios caminando entre los hombres, lo ha realizado María como Madre, en un plano subordinado, íntimamente asociada a su Hijo en la adquisición y distribución de todas las gracias, bajo la moción continua de un mismo Espíritu de Amor.

En armonía con la mediación única y suprema del Verbo encarnado, la acción de María se extiende al Cristo total, pero con un importante matiz: el papel de Ella no se sitúa en el orden de los poderes jerárquicos, sino en el orden maternal y en el plano del amor. De ahí que la sola mención de «la Señora del dulce Nombre»[1] nos

---

[1] San Josemaría Escrivá, *Santo Rosario*, primer Misterio de gozo.

invite a descansar en un consuelo nuevo: el de la ternura maternal. Advertimos con íntima emoción que Ella no es solo verdaderamente Madre de Dios, sino también es verdaderamente Madre nuestra. No según la naturaleza humana, pues esta la hemos recibido de Eva; es Madre nuestra en cuanto somos miembros vivos del Cuerpo de su Hijo, por lo que es nuestra Madre en esta vida nueva que recibimos en las aguas bautismales, vida de la comunicación del Amor divino: «Yo soy la Madre del Amor hermoso»[2], y está por ello llena de solícita dedicación a cada uno. Y lo es —de nuevo lo repetimos— no porque así lo imaginemos, sino porque es la realidad más verdadera, realidad de fe: la maternidad espiritual de María en los hombres redimidos «debe ser considerada de fe por todos los cristianos»[3].

---

[2] *Eccli.* 24, 24.

[3] SAN PABLO VI, Exh. apost. *Signum magnum*, 13-V-1967, n.º 8. La cita completa dice: «La Santísima Virgen continúa ahora, desde el cielo, cumpliendo su función maternal de cooperadora en el nacimiento y en el desarrollo de la vida divina en cada una de las almas de los hombres redimidos. Es esta una verdad muy consoladora que, por libre beneplácito de Dios sapientísimo, forma parte integrante del misterio de la salvación humana; por tanto, debe ser considerada de fe por todos los cristianos».

Contemplarla como Madre nuestra no es sino el pasmo de profundizar en un misterio insondable: hemos sido *formados* en Cristo: «Para que Cristo sea todo (totalmente) en todos»[4]. Si Él, Jesús, es engendrado totalmente en el seno de María por obra del Espíritu Santo, el Espíritu Santo nos modela a nosotros cuando modela a Jesús, y lo hace en ese mismo vientre. De modo que, cuando Ella concibe a su Hijo, nosotros estábamos ahí. Llevándolo nueve meses como Sagrario Viviente, nos llevaba a todos también en Ella. Somos, como Él, *fruto de su vientre.* «El Espíritu Santo ha constituido al Verbo, Hijo de Dios, en la carne, añadiéndole, en el mismo instante de su Encarnación, todo un cuerpo místico que forma unidad con Él. El Espíritu Santo, pues, formó simultáneamente, en el seno de la Virgen María, la personalidad del Verbo Encarnado y todos los miembros de su Iglesia. La Cabeza y los miembros no hacen más que "Uno" (*Gal* 3, 28)»[5].

La seguridad de María como Madre nuestra se fundamenta, pues, en una verdad central de nuestra fe: el hecho mismo de la Encarnación.

---

[4] *Efesios* 1, 10.
[5] M. M. PHILIPON, *Los dones del Espíritu Santo,* Palabra, Madrid 1983, p. 90.

María nos engendra en Cristo a la nueva vida de los hijos de Dios ya que, al engendrarlo a Él, al infundirse el alma de Jesús en el cuerpo recién concebido por obra del Espíritu Santo, estábamos en el alma humana del Señor, en virtud de que esa alma posee la totalidad de la gracia, y de esa gracia vivimos nuestra vida nueva de hijos de Dios. Y como el alma está toda en todo el cuerpo, fuimos infundidos en la carne de Ella que sirvió para modelar la carne del Hijo de Dios, y en la sangre de Ella, la misma que corre por las venas del Hijo de Dios y que más y más bulle en las nuestras al realizarse la transformación en Él. Por eso nuestra cercanía con Jesús y con María es mucho mayor de la que suponemos. Somos de Él, somos de Ella, de su carne y de su sangre, de su cuerpo y de su alma, porque somos Cristo: «De modo que ya no hay hombre ni mujer, ya que todos vosotros sois uno en Cristo Jesús»[6].

---

[6] *Efesios* 5, 23-32. Así lo enseña san Pío X en la Encíclica publicada con ocasión de las fiestas del 50 aniversario de la definición del dogma de la Inmaculada Concepción: «Allí mismo, en el casto seno de la Virgen, donde Jesús tomó una carne mortal, allí mismo se formó para sí un cuerpo espiritual, constituido por todos aquellos que debían creer en Él; y puede decirse así que, llevando a Jesús en su seno, llevaba también en él a todos aquellos cuya vida iba incluida en la del Salvador. Nosotros, pues, que unidos a Cristo somos, como

María es madre nuestra, y esa gracia de la maternidad espiritual no obra por división o separación, como la maternidad natural, sino por absorción en la unidad. Desde el principio Dios la vio como madre, dotándola de todas las gracias precisas y, por ello, María ejerce ese privilegio con amor total de madre: es *tota mater*. Toda Ella es madre, todo en Ella es amor de madre. Para eso fue santificada y toda su belleza proviene de haber cumplido ese designio de Dios: ser madre. Los otros estados no fueron más que etapas intermedias para llegar a este. Su virginidad se halla comprendida en su maternidad. María fue virgen solo para ser madre.

---

dice el Apóstol, los miembros de su cuerpo, salidos de su carne y de sus huesos, debemos confesarnos originarios del seno de la Virgen, del cual salimos un día al modo de un cuerpo unido a su cabeza. Esta es la razón por que somos llamados, verdaderamente, en un sentido espiritual y completamente místico, hijos de María y, por otra parte, que Ella es la Madre de todos nosotros; madre según el espíritu, pero, con todo, madre real y verdadera de los miembros de Jesucristo que somos nosotros mismos. Por lo tanto, si la Virgen Santísima es a la vez Madre de Dios y de los hombres, ¿quién podrá dudar que no emplee todo su valimiento ante su Hijo, cabeza del cuerpo de la Iglesia, para que derrame sobre nosotros, que somos sus miembros, los dones de su gracia, especialmente ese de conocerle y vivir por Él?» (San Pío X, Enc. *Ad diem illum laetissimum*, 2 de febrero de 1904).

La unión íntima con Cristo que nos hace ser uno con Él es la razón que explica por qué somos hijos de María como Cristo lo es. Contemplar estas verdades puede producirnos una sensación de vértigo, como si fueran demasiado grandes para comprenderlas o demasiado bellas para ser verdaderas. Lo más grande y lo más bello de todo es que en realidad lo son. Si nuestra madre de la tierra nos ha dado a luz a la vida física, Ella, María, lo ha hecho a la nueva vida que vivimos, en este nuevo modo de ser por el que vamos dando vacilantes pasos. Y si nuestra madre de la tierra nos ama con un amor intenso, nuestra Madre del cielo nos ama mucho más, porque nos ama como ama a Jesús. Su corazón maternal envuelve en una misma ternura a Él y a nosotros. Es la consoladora intuición de Luis María Martínez cuando escribió que «no hay en la Virgen ni dos maternidades ni dos amores: es nuestra Madre porque lo fue de Cristo, y —¡oh dulce pensamiento!— nos ama con el mismo amor, con el mismo incomprensible amor con que amó a su Hijo»[7].

Contemplando este corazón lleno de amor por nosotros que tiene su razón en la misma Encarnación del Verbo, descubrimos además que en la

---

[7] Luis María Martínez, *María de Guadalupe*, La Cruz, México 1980, p. 8.

maternidad espiritual de María se da una *generación continua* de nuestras almas por la gracia. A diferencia de la maternidad física, la de Ella hacia nosotros no se interrumpe en el hecho histórico de engendrarnos, gestarnos y darnos a luz. Es verdad que las madres de la tierra son siempre madres de sus hijos, pero también lo es que el hijo, una vez fuera del seno materno, tiene su vida propia y, mientras más crece, crece también su autonomía de la madre hasta el grado de desarrollarse del todo independiente de ella. No ocurre así en la maternidad espiritual: María siempre nos engendra y siempre nos mantiene en su seno, porque la vida divina en nuestras almas recomienza en cada instante, ya que es la misma vida trinitaria, vida indeficiente, que siempre se inicia en el único instante de la eternidad de Dios. Estamos, pues, de modo habitual y continuado, no solo en su regazo sino más: en su vientre.

Un Padre griego la alaba por ello con un curioso pero acertado título *Salve, clarissime currus,* que traducido sería: «Nobilísimo carruaje, salve»[8]. Quizá hoy podríamos decirle, sin faltar a la verdad y a la reverencia, que Ella es "nuestro coche", o "nuestro avión", porque vamos dentro de su vientre, camino del cielo.

---

[8] San Juan Geómetra, en *Hym. 1 in Virg. Deip.,* MG 106, 855.

23. RESUCITADOS EN EL RESUCITADO

Toda nuestra realidad futura se ilumina desde Jesús y, concretamente, desde su realidad de resucitado. Solo Él, verdadero hombre, nos podría revelar —también en la realidad gloriosa— lo que es el hombre[1]. Por eso nuestra esperanza —que es Cristo resucitado— no resulta tan solo una esperanza realizable en el futuro. Como Cristo resucitó *ya*, podemos afirmar que, de alguna manera, nosotros estamos también *ya* resucitados. Resucitados en el Resucitado. Lo que sucederá al morir es que tendrá su despliegue pleno. Pero ya desde ahora *somos el que seremos*, puesto que —dijimos— nuestra esperanza cristiana es ya, de manera misteriosa pero real, una realidad presente. Si en nuestro bautismo nos incorporamos a Cristo resucitado, de su vida de resucitado vivimos la vida nueva de los hijos de Dios:

---

[1] Cf. Const. *Gaudium et spes,* n.º 22.

estamos *ya* incorporados al resucitado. Hemos, pues, de vivir ya ahora como resucitados.

Esta realidad maravillosa obedece al hecho de que todos nos salvamos en Cristo, es decir, alcanzamos la salvación por nuestra incorporación a Él. A la manera de un poderoso imán, el Verbo encarnado atrae a Sí a todos cuantos lo reciben, uniéndolos a su Persona, asimilándolos a Él. Desde que una naturaleza humana quedó inseparablemente unida a la Persona del Verbo, nuestra unión con Dios se realiza en Cristo. Por eso nos encontramos también unidos a Él en cada acontecimiento de su vida, fundamentalmente en su acontecimiento pascual: pasión, muerte y resurrección.

¿Nos sorprende dar como un hecho consumado la verdad de nuestra resurrección *ya aquí, ya ahora*? Oigamos a san Pablo: «Si resucitasteis con Cristo, buscad las cosas de arriba, donde Cristo está sentado a la derecha de Dios»[2]. No se trata de un hecho futuro, ni siquiera presente; se trata de un hecho pretérito: vosotros *ya resucitasteis* con Cristo. Y como *ya resucitamos*, no nos queda sino permanecer con nuestra mirada pendiente de lo alto, donde está sentado Cristo a la derecha del Padre.

---

[2] *Colosenses* 3, 1-2.

Intentemos, pues, comprender esta verdad central: que la resurrección de Jesús no es un hecho cerrado en el tiempo, sino que permanece a lo largo de la historia para cuantos se adhieran a Él por la fe y el amor. La eternidad en cuanto tal —en cuanto concepto abstracto—, existe solo como ente de razón: lo que existe es *un Ser eterno* y yo, adhiriéndome a Él, soy eterno, tengo la Vida imperecedera.

Si nosotros somos suyos, entonces su resurrección es ya ahora una resurrección vivida en nuestra carne mortal. Porque Jesús no solo ha resucitado, sino que Él mismo es la resurrección: toda resurrección es *su* resurrección. A Marta le dice de modo contundente: «Yo soy la resurrección y la vida»[3]. Por tanto, si queremos comprender nuestra situación en el mundo actual y en el futuro, hemos de entender que, en labios de Jesús, las palabras resurrección y vida tienen un sentido causal: si vivo —por la gracia santificante— la vida de Cristo, eso quiere decir que tengo la vida de un resucitado, la vida indefectible. Él mismo es el principio, el porqué, la causa eficiente de toda resurrección y de toda vida. Unidos a Él, su resurrección es la nuestra; su *vida* (la que tiene como resucitado) es nuestra vida. Viviendo en Él vivimos resucitados.

---

[3] *Juan* 11, 21-26.

Quizá ahora podemos comprender más claramente por qué la resurrección de Jesús es el centro de nuestra fe. La resurrección no solo esclarece la vida de Jesús, sino que también salva y da sentido a las vidas de cuantos nos incorporamos a Él. La relación muerte-resurrección de Cristo hace referencia a nuestra propia muerte-resurrección, y está basada en el hecho mismo de nuestro bautismo: hubo en él un misterio de *muerte* y de *resurrección*. Ahí murió nuestro *hombre viejo* y resucitó ya el *hombre nuevo*.

Habiendo llegado a este punto —es decir, ubicando nuestra propia resurrección en la misma de Jesús—, convendrá detenernos un poco en lo supone resucitar en el contexto que venimos diciendo. Porque resulta importante no dar ahora lugar a un equívoco: el de conceptualizar la resurrección de Cristo de modo, digamos, terrestre, como si se tratara simplemente de que Jesús volviera a la vida que tenía antes, reanudando lo que la muerte había interrumpido. Hay personas que "regresan" luego de una muerte clínica, más no por ello decimos con propiedad que resucitaron, y menos con el tipo de resurrección de Cristo. Hay quienes realmente han resucitado, como Lázaro, que luego de cuatro días sepultado volvió a la vida, obedeciendo la voz de Jesús. Lázaro, o la hija de Jairo o el hijo de la viuda de Naím, no resucitaron a una vida nueva, sino a una segunda parte de la misma vida: resucitan en cuerpo mortal, vuelven a la vida limitada y caduca de antes. Si Jesús hubiera resucitado así, seguiría atado a la muerte. A veces pareceríamos satisfechos si fuera esa la resurrección que se nos promete.

Sin embargo, este tipo de resurrección, aun siendo maravillosa, no resuelve ninguno de los grandes problemas humanos. La muerte seguiría siendo muerte y nosotros continuaríamos atados al tiempo y a la fugacidad. Esta resurrección terminaría por ser tan solo una dilación de los efectos de la muerte, no una entrada en la vida plena y total.

Por eso, para una concepción adecuada de la resurrección de Jesús, tenemos que advertir que Él *no vuelve a estar vivo* como estuvo los treinta y tantos años de su permanencia visible en la tierra. No. Ahora manifiestamente es *el que está vivo, el que vive*, como repiten los evangelistas: Jesús resucitado es el que no puede nunca más morir. En su modo glorioso de ser actual nos descubre una nueva manera de vida, ya no limitada por la muerte. Cristo resucitado es el mismo y es distinto. Si de algún modo no fuese el mismo, no podríamos hablar de resurrección, porque no se trataría de Jesús y no sería reconocido por los suyos. Si de algún modo no fuese distinto, estaríamos ante el mortal Jesús de Nazaret, pero no ante el inmortal dueño de la vida.

Por eso el resucitado es difícil de reconocer. Los testigos oculares tienen ante Él una impresión rara, como si se encontraran con alguien muy íntimo, pero al mismo tiempo extraño, alguien enormemente familiar pero que aparece en otra dimensión. Hasta parecería que el mismo Jesús tratara de acentuar este aspecto, presentándose con diversos "disfraces": de jardinero, de viajero, de joven desconocido que se pasea a la orilla del lago. Y, cuando se desvela, lo hace en una especie de gesto litúrgico, sacramental, como si quisiera indicar que su existencia es otra, esencialmente sagrada.

No es, pues, que la vida de Jesús perdure con su resurrección, sino que con ella pasó de la vida corruptible a la incorruptible, de acuerdo con la fórmula paulina «vestir de incorruptibilidad lo corruptible»[4]. La resurrección de Cristo es, ciertamente, un paso de la muerte a la vida, pero a una vida mucho más ancha y alta que la nuestra. Su resurrección no es un regreso a nuestra vida terrestre, es un avance triunfal más allá de la vida terrestre, más allá de la muerte terrestre;

---

[4] *I Corintios* 15, 53.

más allá de la tumba; no vuelve, escapa, se evade por una puerta que hasta entonces estaba oculta, se evade definitivamente tanto de la vida presente como de la muerte. Está en el más allá, está libre, salta alegremente por las praderas eternas de su patria de origen.

24. CON-MORIR

TAMBIÉN EN SU MUERTE Jesús nos revela lo que es el hombre. Si creemos en su resurrección, creeremos que nuestra muerte es un nacimiento. Pero no de la no-vida a la vida, sino a una forma de vida a otra: la vida divina del alma sigue siendo la misma antes y después de morir. Como la vida del recién nacido, que no es una vida distinta de la que poseía en su gestación: solo ha mudado su forma de vida. La muerte física supondrá para nuestra alma un cambio de situación, pasaremos de una vida incipiente y provisional a una plena y definitiva.

Ahora bien, ¿cómo asumir la muerte desde una perspectiva de fe? Porque la muerte se ha constituido en el enemigo número uno de la civilización contemporánea. Después de los grandes alardes relativos al progreso científico y tecnológico, el hombre de hoy descubre que en este terreno no ha avanzado un palmo. Puede mejorar su calidad de vida; puede, incluso, alargarla unos cuantos años. Pero el desenlace seguirá siendo el mismo.

Este radical *fracaso* de la civilización contemporánea hace que el hombre de hoy prefiera no pensar en esa derrota inevitable. Y entonces huye de todo lo que le recuerde la muerte: los moribundos son llevados a hospitales donde reciben una muerte anónima y solitaria; se oculta la muerte a los niños como una cosa lúbrica que no deberían conocer; se maquilla a los cadáveres para que parezcan lo menos muertos posible, y es de mala educación hablar de agonías o desahuciados. La muerte es hoy el gran tabú, que sustituye a lo que el sexo era para los siglos anteriores: si antaño a los pequeños se les ocultaba todo lo referente a la vida sexual —pero asistían con normalidad a la gran despedida de los moribundos— hoy, invertidos los papeles, se les enseña todo sobre el sexo y se les oculta la realidad de la muerte. Sobre ella se ha tendido un velo de silencio y de mentira.

Se da también otra postura: la *bagatelización* materialista de la muerte. En la industria del espectáculo se la utiliza como excitante que se contrapone al tedio existencial. Con esta cosificación de la muerte se intenta, en definitiva, lo mismo que la postura burguesa del tabú: a la muerte hay que privarla del carácter de irrupción de lo metafísico. Su presentación trivial debe anular la terrible cuestión que surge de la muerte. El nacimiento y la muerte son como ventanas por las que podemos mirar al infinito. Pero precisamente ese infinito cuestiona la normalidad de lo trivial. Entonces el hombre intenta convertir la muerte en algo tan fútil, tan corriente, tan fácil de lograr con la ametralladora del súper héroe que no le quede nada de metafísico.

No tenemos otra opción: la verdadera liberación humana incluye *a fortiori* la liberación de la muerte. Sin ella toda liberación será, a la corta o a la larga, una falacia.

Pero ¿por qué la muerte nos resulta tan antinatural y repugnante? La respuesta es: porque el hombre es tal en su dualidad cuerpo-alma, y morir lo escinde intrínsecamente. Por eso la muerte existe «contra la voluntad de Dios»[1]. Jesús mismo «se echó a llorar»[2] por Lázaro muerto. De ese llanto los judíos, aun quedándose en la superficie de la actitud de Jesús, dedujeron que era mucho el amor que le tenía a su amigo. Pero el cristiano debe llegar a la profundidad del llanto de Jesús como lamento ante el poder de la muerte.

---

[1] Cf. *Sabiduría* 1, 13-14; 2, 23-24.
[2] *Juan* 11, 35.

Incluso ante su propia muerte, Jesús «ofreció oraciones y súplicas con poderosos clamores y lágrimas al que era poderoso para salvarlo de la muerte»[3]. Suplicó al Padre que le fuera ahorrada esa tribulación. Para Jesús la muerte en cuanto tal representaba la enorme fuerza del mal. No era para Él algo divino, sino algo que debía ser derrotado, algo contrario a Dios, que es vida. Algo horrible, en suma. Jesús sabe que Dios es superior a la muerte, pero no por eso cae en el engaño de presentarla como suave trance.

La muerte es terrible por ser salario del pecado. El hecho de la universalidad de la muerte es una verdad de fe, derivada de la verdad de fe de la universalidad de la culpa original. En efecto, todos los hombres, como castigo del primer pecado, estamos sujetos a la muerte[4]. San Pablo dice que «por un solo hombre entró el pecado en el mundo, y por el pecado la muerte, y así a todos los hombres pasó la muerte, por cuanto todos habíamos pecado»[5]. El poder del pecado corre parejo al poder de la muerte. ¡Espantosos poderes!

---

[3] *Hebreos* 5, 7.

[4] Concilio de Trento, Dz 788-9. El Vaticano II enseña que «si el hombre no hubiera pecado, habría sido sustraído de la muerte corporal» (Const. *Gaudium et spes*, 18).

[5] *Romanos* 5, 12.

Al asumir Cristo la muerte, destruyó ese poder terrible y negativo. Nosotros, cristianos —es decir, poseedores de la Revelación en plenitud— no podemos olvidar que una de las diferencias más notables entre el Antiguo y el Nuevo Testamento es la expresada entre los dos géneros de vida ultraterrena que ambos prometen. Para el hombre de la antigua ley la vida terrena era el don de Dios por excelencia, y por eso la quería larga y fecunda: llegar a ver los hijos de los hijos era la suprema bendición. Morirse sin haber dejado una larga descendencia era como haber perdido la vida.

No es que el hombre del Antiguo Testamento ignorara todo sobre la inmortalidad, pero sus ideas del más allá no eran precisas. Su dificultad radicaba en explicarse cómo era —extraña paradoja— la *vida* de los muertos. Algún tipo de *vida* tendrían, pero ellos continuaban —antes de Cristo— sujetos al dominio de la muerte. No es que los muertos pasaran a la pura nada, sino que "vivían su muerte", lo cual resultaba algo muy diferente de vivir una vida. El lugar de esa semivida se designaba con el nombre de *sheol*. Era concebido como una inmensa fosa subterránea, sumida en terrible oscuridad, donde esos muertos, sin el hálito de Dios, dormían su largo sopor. Sombras o espectros que llevaban una existencia fatigada, un sueño casi vacío.

¿Había una salida posible del *sheol?* No la veían los judíos hasta muy poco antes de Cristo. Para Job el *sheol* era el país sin retorno, rodeado de murallas y cercado con fuertes barreras, de modo que nadie podía escapar de ahí. ¿Y Dios? ¿Podía Yahvé quebrantar las puertas del *sheol* y vencer a la muerte? Para el judío era evidente que Dios es superior a la muerte, pero hasta más allá de la literatura sapiencial Dios no parece dispuesto a infiltrarse en los dominios de la muerte. En la Biblia asistimos a un progresivo aumento de la confianza que el hombre tiene hacia Dios en lo relativo a su bondad, a su deseo de hacerlo perpetuamente feliz. Pero es verdad que el hombre de la antigua ley tardó mucho en comprender que la acción de Dios no se restringe a los dominios de la vida, sino que abarca también el horizonte mismo de la muerte.

Todo esto cambió con la muerte de Cristo. La vida que anuncian los evangelios es una «vida indeficiente»[6]. Todo es vida: los bienaventurados gozarán de «las aguas de la vida»[7],

---

[6] *Mateo* 19, 29; *Juan* 3,15.16.36.
[7] *Apocalipsis* 7, 17.

recibirán «la corona de la vida»[8], comerán del «árbol de la vida»[9], sus nombres están escritos en «el libro de la vida»[10].

De manera que lo ineludible y dilacerante de la muerte adquiere desde la muerte de Jesús un rostro amable: Él nos acompaña en ese trance. Ahí tendremos el máximo contacto con Cristo muerto y resucitado. Y a Él iremos inmediatamente luego de ella, y nos preparamos para ese momento no con el estoicismo del estoico, sino con el deseo de llegar a una cita. Esto caracteriza la actitud del cristiano: no aguarda la muerte solo como una dificultad que ha de ser superada, sino como el momento para el encuentro largamente anhelado. Mientras otros se preparan para la muerte, nosotros nos preparamos para el encuentro con Jesús. En algunos archivos parroquiales de Inglaterra era costumbre antiguamente consignar, junto al nombre del difunto, la causa de su muerte; si esta no podía ser precisada, se usaba una cláusula de validez general: «Murió por visitación del Señor». Para los cristianos la muerte no es algo que sucede, es Alguien que llega, es Jesucristo mismo que viene y se hace presente al alma.

---

[8] *Id*, 2, 10.

[9] *Id*, 2, 7.

[10] *Id*, 20, 15.

La actitud ante la muerte no es otra que la actitud ante la vida. Hay modos y modos de morir porque hay modos y modos de vivir. Hay un modo supremo de morir, que es el de los santos, puesto que ellos tuvieron el modo supremo de vivir. La muerte no les llega tanto por el desgaste corporal, por accidente o por enfermedad, sino de una manera superior, que es el modo de morir de los místicos, y que consiste en *morir de amor*. No es el cuerpo el que ya no pueda retener al alma, es el alma que abandona el cuerpo, atraída por la fuerza del amor. San Juan de la Cruz manifiesta en su oración el deseo de morir así: «Rompe la tela delgada de esta vida y no la dejes llegar a que la edad y años naturalmente la corten, para que te pueda amar desde luego con la plenitud y hartura que desea mi alma sin término ni fin»[11].

---

[11] *Llama* 1, 36.

25. EL TRIBUNAL DE CRISTO

«Porque es necesario que todos nosotros seamos puestos al descubierto ante el tribunal de Cristo, para que cada cual reciba conforme a lo que hizo durante su vida mortal, el bien o el mal»[1]. Si hay *una* muerte, hay *un* juicio. En él se decide la eternidad de la persona que ha traspasado el umbral de la vida terrena.

Estaremos «al descubierto a los ojos de Aquel a quien hemos de dar cuenta», dice la carta a los Hebreos, al tiempo que nos invita a estar también al descubierto ante nuestras propias conciencias[2]. En este sentido, quizá nos ilumine la historia que hay detrás de la creación de los premios Nobel. Alfred Nobel, químico sueco, amasó una enorme fortuna inventando poderosos explosivos y vendiendo la fórmula a

---

[1] *II Corintios* 5, 10-11.
[2] *Hebreos* 4, 7.13.

los gobiernos para la fabricación de armamento. Un día murió el hermano de Nobel y, por error, un periódico publicó la necrología de Alfred. En la nota se le identificaba como el inventor de la dinamita, el hombre que se hizo rico haciendo que los ejércitos alcanzaran un mayor potencial de destrucción. Nobel tuvo la oportunidad de leer su propio obituario, y de saber por qué sería recordado. Fue tal su consternación al comprobar que pasaría a la historia como un mercader de la muerte y la devastación, que destinó su fortuna para crear la fundación que habría de premiar los mayores logros en diversos campos útiles para la humanidad. Y por eso, no por los explosivos, es por lo que se le recuerda hoy.

El cuerpo ya es cadáver, pero el alma, ¿dónde está? Nuestra fe nos dice que inmediatamente después de abandonar el cuerpo, el alma es juzgada por Dios. Cuando los que están junto al difunto se percatan de su fallecimiento, el alma ya ha sido juzgada, sabe ya cuál es su sentencia. El juicio individual del alma inmediatamente después de la muerte se llama juicio particular. Es el momento crucial para todos, el momento en que se decide nuestra eternidad.

El juicio particular tiene lugar inmediatamente después de la muerte. No hay ningún lapso de incertidumbre, ni la impaciente espera de un juez impuntual, ni las interminables horas de dilación de las resoluciones. Al alma no se le hace esperar durante siglos su juicio; ni siquiera espera un instante. Esto es así porque en el juicio divino no se precisa discusión o deliberación alguna, como en los juicios humanos en los que el juez se entera poco a poco. Este juicio es el descubrimiento de la verdad, y es el alma la que conlleva su verdad. En un instante, con la ayuda de la luz divina, con la mirada de Cristo Juez, el alma se conoce a sí misma, conoce lo que merece, y recibe su merecido. En realidad, esa verdad es única: el grado de gracia que nos llevamos en el alma al morir, la intensidad del amor a Jesús de que hemos hecho acopio a lo largo de nuestra existencia.

Para ponderar la unidad lograda por la redención de Cristo, san Pablo afirma que todos los hombres formamos «un solo hombre»[3]: todos estamos llamados a ser uno en Cristo. Sabemos, sin embargo, que esa unidad tan estrecha no implica la desaparición de las personas en cuanto tales: todas ellas subsisten en su más estricta singularidad. No resulta abolido el *yo,* y por eso la concepción cristiana de la salvación, si bien *no es individualista* ("nadie se salva ni se condena

---

[3] Cf. *Efesios* 2, 15; *Gálatas* 3, 28.

solo") sí es estrictamente *individual*. La concepción cristiana de la salvación es individual, singular, aunque dependiente de su apertura al otro, de su capacidad de amar.

El *Catecismo de la Iglesia Católica* (n.º 1022) cita la expresión de san Juan de la Cruz sobre la única pregunta el día del juicio particular: «A la tarde te examinarán en el amor»[4]. ¿Qué tendría para decirnos Jesús si en este momento nos llamara a su presencia, inquiriendo sobre aquello que realmente es lo único que le interesa, nuestro amor por Él? ¿Tenemos hechas las maletas del alma, es decir, nos encontramos desprendidos de cuanto pudiera atarnos a la tierra, de cualquier afecto que no se ordene al único afecto que realmente importa?

Durante nuestra vida terrena solemos practicar el arte de olvidar nuestras malas acciones y, además, buscamos velar y deformar los verdaderos motivos de nuestras obras. Como un viento sutil que se cuela en la menor de nuestras acciones, el amor propio desordenado nos lleva a buscar la propia excelencia en lugar de complacer al Amado. En el juicio a que habremos de someternos nada más morir, la omnipotencia omnisciente de Dios revocará a nuestra memoria el

---

[4] San Juan de la Cruz, *Dichos*, 64.

sentido de cada una de las acciones de nuestra vida, y ante nuestros ojos aparecerá con todo detalle la totalidad entretejida de todas nuestras palabras, pensamientos, obras y omisiones.

La medida por la que seremos juzgados es la santidad, verdad y amor que es Dios mismo. No serán la conveniencia, ni la opinión subjetiva, ni la pública, ni la utilidad, los cánones que decidirán nuestro destino. En definitiva, seremos juzgados por la identidad con Dios o lejanía de Él, y como esta proximidad nos es concedida por Cristo, todo consistirá en juzgar la medida de nuestra unión a Jesús, es decir, de nuestro amor a Él.

Para entender mejor el juicio particular debemos tener siempre en cuenta que por toda culpa humana y por todo el pecado del mundo, Cristo pagó con su sangre en la Cruz. El infinito amor de Dios *quiere* salvar a cada hombre. De manera que nuestra confianza estribará, por tanto, no en la capacidad de respuesta ante las exigencias morales, ni siquiera en los esfuerzos denodados que hubimos de emplear para vencer las tentaciones. No: nuestra confianza radicará en el amor que Jesús vuelca sobre nosotros y que es la fuente de todos nuestros méritos ante Dios. El hombre muere y ya ha sucedido todo. Todo transcurre en un instante o fracción de instante, en un tiempo que es inextenso. Y entonces ¿el juicio y el tribunal? En realidad, todo se reducirá a una mirada de Cristo.

No es, pues, nuestra sabiduría la fuente de nuestra justificación, como tampoco lo es nuestra bondad. Es el amor de Dios que se derrama y crea la bondad en todas las cosas. Nosotros quisiéramos que Dios nos admirase y premiase como reconocimiento de nuestros méritos. Y resulta al revés: Dios nos ama a causa de nuestra miseria, y tanto más cuanta más miseria tenemos, como hace un padre con su hijo enfermo. Si sentimos mortificada nuestra "dignidad" en aceptar, como personas insignificantes, un amor gratuito de misericordia, no podremos entender la pequeñez (que es la verdadera humildad), ni la gracia de la Redención. ¡Y ay de nosotros sí, excluyéndonos de la misericordia, creemos poder merecer un premio según justicia!

26. DON DEL CORAZÓN HERIDO
DEL CORDERO

El purgatorio es un don del corazón herido del Cordero. Ahí, en ese estado de purgación, la misericordia envuelve a la justicia. Su contemplación debe ser para nosotros fuente de consuelo y agradecimiento.

El purgatorio procede del corazón herido del Cordero porque el fuego del purgatorio es fuego de Amor. Brotando del horno ardiente del corazón de Jesús, cautivando al alma y abrasándola en el deseo de la visión beatífica, ese fuego es terrible precisamente porque es fuego de Amor. El Amor de Dios enciende en el alma que está en el purgatorio un vivo deseo de Él, deseo que no lograra así de intenso en su vida terrena. Inicia con una dolorosa languidez que paulatinamente se convierte en llama ardiente. Entonces el alma es portadora de ese fuego encendido en ella por el Señor y así, abrasada y vuelta hacia Dios que la atrae irresistiblemente, cautivada por Él e inflamada en el ansia de la unión, vuela hacia el cielo. Mientras tanto, mientras permanece en el purgatorio, ese fuego provoca en aquella alma una sed mística que llega a ser atroz, tanta es su vehemencia: «Mi alma está sedienta de Ti como tierra árida sin agua»[1].

El *tiempo* de permanencia en el purgatorio dependerá de las adhesiones impuras que hayamos conservado en nuestra alma, es decir, de las adhesiones a todo aquello que no era Cristo. El único medio para llegar a la unión con Él es suprimir el obstáculo que está en nuestra alma, y eso se logra mediante la expiación reparadora. Por ello el alma en el purgatorio ama su sufrimiento, sufrimiento que exalta la santidad de Dios manifestada en este misterio de justicia y misericordia. Lo prefiere mil veces a la eventualidad de un encuentro con Dios en el cual no se daría la plena glorificación divina. Es un tormento de amor, un desfallecimiento de amor como no hay otro en la tierra. Se puede comparar en algo al paralítico de la piscina de Bert-seba: este hombre anhelaba intensamente entrar en el agua cuando se agitaba, pero era incapaz de hacerlo[2]. Eso le debía provocar un ansia inmensa.

---

[1] *Salmo* 63, 2.

[2] Cf. *Juan* 5, 2-7.

Esto es así porque nada manchado puede entrar en la presencia del Santo: «Yahvé, ¿quién morará en tu tienda? ¿Quién habitará en tu santo monte?»[3] Tal exigencia, clara para la conciencia humana, hace que sea común en no pocas religiones históricas un cierto vislumbre de esta verdad, pues todas intuyen la necesidad de una purificación después de la muerte. En el caso de nuestra fe, esa intuición es certeza, y certeza de que es necesaria una purificación absoluta: *cualquier* mancha resultará impedimento para la posesión de Dios. Se trata, por tanto, no solo de las manchas que rompen y destruyen el encuentro definitivo con Él, sino de *todo tipo* de manchas.

Llegados a este punto podemos preguntarnos: ¿cuál es la diferencia entre los sufrimientos del infierno y los del purgatorio? La Iglesia responde diciendo que cuantos «mueren en la gracia y en la amistad de Dios, pero imperfectamente purificados, aunque están seguros de su eterna salvación, sufren después de su muerte una purificación, a fin de obtener la santidad necesaria para entrar en la alegría del cielo, y llama purgatorio a esta purificación final de los elegidos que es completamente distinta del castigo de los

---

[3] *Salmo* 15, 1.

condenados»[4]. Y ¿cuál es la razón principal que hace completamente distinta la purificación de los que están en el purgatorio al castigo de los condenados?

No debemos ubicar el estado de purificación para el encuentro con Dios de modo paralelo al estado de condenación[5]. Quien se purifica luego de morir es una persona que ama a Jesucristo. El condenado es alguien que ha rechazado hasta el final el amor y la clemencia de Dios. El primero vive en el amor, y su amor es ahora más consciente por la muerte. Como ama, su purificación no es sino verse retardado en poseer a la persona amada. Es claro que un amor que es detenido en su acceso a Aquel a quien ama produce dolor, y por ese dolor se purifica. Aquí radica, como dijimos, la esencia del sufrimiento en el purgatorio.

Si todo pecado es una ausencia de amor a Dios, es muy distinto aferrarse al rechazo total

---

[4] *Catecismo,* nn. 1030 y 1031.

[5] Lo cual no significa que las penas del purgatorio no sean dolorosas, y que los fieles de la Iglesia militante no tengamos un deber especialísimo de caridad en la práctica generosa de los sufragios. Santo Tomás de Aquino llega a decir que esas penas son *tan intensas que la pena mínima del purgatorio excede a la mayor de esta vida* (Cf. *Suma Teológica,* Supl., q. 71, a. 3).

del amor que sufrir tan solo una mera imperfección de este. El infierno es la absoluta carencia de ese amor; un estado en que resulta imposible amar. El purgatorio se distingue del infierno porque en él no solo se puede amar y se ama, sino que es en realidad una *escuela de amor*. Aquellos que en la tierra no alcanzaron su debida perfección, es decir, que su amor se quedó por debajo de lo que debía, son ahora encendidos en él. Se trata, pues, de reparar el amor remiso en aquellos que no lo procuraron con suficiente diligencia. Dante ofrece una definición precisa del purgatorio cuando habla del lugar «donde se restaura el amor, donde se repara el perezoso remo»[6].

En los místicos es usual establecer una analogía entre los procesos de purificación para acceder a la intimidad divina y el fuego purificador del purgatorio. San Juan de la Cruz, por ejemplo, explica que el Espíritu Santo, como *llama de amor viva*, purifica el alma para que llegue al perfecto amor de Dios en esta vida, y poseer así ya un cielo adelantado porque se adelantó el purgatorio. Esas etapas de purificación son llamadas *noches* por el santo carmelita, que habla así: «...esta pena se parece a la del purgatorio

---

[6] Dante Alighieri, *La divina comedia*, Purgatorio XVII, 87.

porque, así como se purgan allí los espíritus para poder ver a Dios por clara visión en la otra vida, así, en su manera, se purgan aquí las almas para poder transformarse en Él por amor en esta»[7].

Para comprender mejor las explicaciones anteriores podría servirnos la siguiente comparación. Supongamos que un día se abre una puerta y aparece un ser espléndido, extraordinariamente hermoso, de una belleza jamás vista en la tierra. Nosotros estamos fascinados, extasiados ante ese ser conformado todo de luz y belleza. Nuestra confusión aumentará al percatarnos que él muestra estar locamente enamorado de nosotros: nunca hubiéramos soñado en ser amados así. Notamos que tiene además enormes deseos de atraernos hacia él, de ser uno con nosotros. Y el fuego de amor que se encendió en nuestros corazones nos impulsa a arrojarnos en sus brazos.

Pero en ese instante nos damos cuenta de que hace meses que no nos aseamos, que olemos mal, la nariz nos escurre, tenemos el pelo grasiento y pegajoso, hay grandes manchas de suciedad en

---

[7] *Llama de amor viva*, 1, 24. En *Noche oscura*, l. II, c. 20, dice de los adelantados: «Porque estos, que son pocos, por cuanto ya por el amor están purgadísimos, no entran en el purgatorio».

nuestras ropas… Por tanto, nos decimos a nosotros mismos: *No, no es posible que me presente así. Primero tengo que lavarme: un buen baño
e inmediatamente volveré con Él.* Las almas del
purgatorio de muy buena gana van ahí; ellas lo
anhelan para gozar del Amado. Santa Catalina
de Génova asegura que, si el alma tuviera en sí
«el más pequeño átomo de imperfección, antes
se precipitaría en mil infiernos antes que presen-
tarse así ante tan Santa Majestad»[8].

---

[8] Santa Catalina de Génova, *Tratado del Purgatorio*, 8.

27. EL ESTADO DE AUTOEXCLUSIÓN DE DIOS

«Dios es amor, y quien permanece en el amor permanece en Dios y Dios en él»[1]. Negar el amor equivale a la autoexclusión de Dios. El corazón del hombre, atrapado por la soberbia y la mentira, rechaza la permanencia en el amor y, por tanto, en Dios. Ese hombre no ha de esperar la muerte para estar en el infierno: lo está desde el momento que se ha encerrado en su soledad. Si rechaza la conversión y muere en esa actitud, quedará para siempre privado de la comunión con Dios.

Es esta la primera idea clara que hemos de tener sobre el infierno: es el hombre quien elige el rechazo del amor: «No se trata de un castigo de Dios infligido desde el exterior, sino del desarrollo de premisas ya puestas por el hombre en esta vida... es la última consecuencia del pecado

---

[1] *I Juan* 4,16.

mismo, que se vuelve contra quien lo ha cometido. Es la situación en que se coloca definitivamente quien rechaza la misericordia del Padre incluso en el último instante de su vida»[2].

El infierno no es un castigo enviado desde fuera, sino un problema de ser o no ser. Lo que ahí se define es un asunto de ontología. Es haber cumplido o no la vocación de hombre, lo cual significa «ser abierto al amor», «ser para el amor». Si una rama está seca no tiene sentido que permanezca en el árbol: se corta y luego se quema, porque está seca. Para nada sirve ya, no es utilizable: se trata, pues, de una cuestión de ser, no de moral. Resulta inútil reunir un tribunal para declarar que una rama está seca, basta observar que por ella no circula la savia. Es un asunto de hecho, no de derecho. Un hombre aislado voluntariamente de la unión con el Ser eterno está fuera del Ser eterno.

El infierno es el fracaso radical. Podemos fracasar como estudiantes y ser expulsados de la escuela. Podemos sufrir derrota tras derrota en los cotejos deportivos y ser eliminados de la competencia. Alguien puede incluso fracasar como marido o como padre, destruir a su familia y arruinar a los suyos. Pero en cualquiera

---

[2] San Juan Pablo II, *Audiencia*, 28-VII-2000.

de estos casos no todo está perdido: se dan ahí realidades recuperables. Pero fracasar ontológicamente, fracasar en el proyecto de ser persona, de ser abierto a la comunión con Dios y con el prójimo, eso es el infierno.

No nos queda sino afrontar esa realidad así, desnuda, porque es una verdad medular. Obedece al mismo ser de las cosas, a la ineludible realidad de aquello que cae por su propio peso. No es sano, pues, soslayar el pensamiento del infierno, no es conveniente dejar de rumiarlo, de considerarlo como una posibilidad para cualquiera. No podemos segmentar la propuesta de Dios: o la aceptamos en bloque o la rechazamos en bloque. Se les hace a los cristianos un flaco servicio si no se les habla del infierno o si se les priva del conocimiento de su magnitud trágica revelada.

Aquí no es válido mediatizar: si un hombre adopta una actitud irreductible de separación de Dios, el infierno no es sino la consecuencia de la elección de esa persona sobre su propio destino. Determinada a preferir su voluntad, pretendiendo colocarse en lugar del Creador, cae en el peor de los engaños. Si un esposo decide irrevocablemente abandonar su hogar, por mucho que la esposa se empeñe en retenerlo, acabará por irse: en el ejercicio de su libertad, que es real, puede tomar otro camino. ¿Sería posible retener al marido empleando como medio extremo unas cadenas para evitar que se marche? Supondría cambiar su verdad de esposo y convertirlo en preso.

Sin embargo, no cabe duda de que el infierno es un misterio que nos rebasa. Por eso, más allá de la especulación, su verdad debe ser ante todo una llamada a la responsabilidad con relación al destino eterno. Y es también una apremiante llamada a la conversión: «Entrad por la puerta estrecha; porque ancha es la puerta y espacioso el camino que lleva a la perdición, y son muchos los que entran por ella; mas ¡qué estrecha la puerta y qué angosto el camino que lleva a la Vida!; y pocos son los que la encuentran»[3]. Prestar oídos más a los reclamos de la soberbia y de la sensualidad que a la voz de la conciencia supone cerrarlos al amor. Prestar oídos a la mentira supone cerrarlos a la verdad. El infierno no son los demás —como decía Sartre—, el infierno soy yo cuando me autoexcluyo, cuando me bloqueo al amor, cuando cambio la verdad de Dios por la mentira de mi exaltación. El infierno es estar solo.

Básicamente, pues, son solo dos las opciones en el planteamiento de una vida: la *autorrealización*, en la cual trata el hombre de crearse a sí mismo para adueñarse de su ser y hacerse con

---

[3] *Mateo* 7, 13-14.

la totalidad de la vida exclusivamente para sí; y, por otra, la *opción de la fe y del amor*. Siendo como somos criaturas, no está en nuestras manos nuestro ser, no podemos realizarnos por nosotros mismos; solo si perdemos la vida podemos ganarla. La autorrealización quiere tener la vida con todas sus posibilidades, goces y bellezas, pues la ve como una posesión que ha de defender contra los demás. Pero la fe y el amor no se ordenan a la posesión. Optan por la reciprocidad del amor y por la grandeza majestuosa de la verdad. Esta alternativa corresponde a la elección fundamental entre la muerte y la vida: «Quien quiera salvar su vida la perderá, y quien pierda su vida... la salvará»[4].

Dentro del misterio inescrutable que supone conciliar una voluntad de amor salvífico con una irreductible exclusión, dijimos que el infierno es consecuencia del amor mismo. Dios respeta escrupulosamente el ser de las cosas. Ya que Él ha hecho libre al ser humano —quiere que en libertad responda al Amor que le ofrece—, está obligado a respetar dicha libertad hasta sus últimas consecuencias. Dios no puede forzar al hombre para llevarlo consigo. Si el hombre no fuera libre de escoger, Dios despreciaría la

---

[4] *Marcos* 8, 35.

libertad humana, y el cielo quedaría convertido en un lugar de internamiento forzoso.

El hombre puede pronunciar un irrevocable *no* ante Dios. La posibilidad de ese *no* es lo que da valor a su *sí*. De otro modo, las decisiones del hombre quedarían reducidas a un nivel ínfimo. Su vida se parecería a la del tripulante de un barco navegando inexorablemente a su destino según la previa dirección impuesta por el capitán. El pasajero podría pasear libremente por la cubierta del barco, pero no podría nunca mover el rumbo del timón ni tirarse por la borda: en esto consistiría la libertad moral de los humanos. Sería, en último término, una negación de la libertad.

Una vía de aproximación al infierno consiste en decir de él lo contrario que se afirma del cielo. Con ello su descripción más justa respondería a una imagen en negativo. Si el cielo es descanso eterno, el infierno es agitación sin fin. Si el cielo es reunión de amor, el infierno será soledad absoluta. Si el cielo es quietud y reposo, el infierno es turbación y estrépito, ruido infernal. Si el cielo es compañía con los santos y los ángeles, en el infierno se sufre la presencia de satán y sus huestes, con todos los humanos malvados. Si el cielo es vivir con Dios, el infierno da comienzo cuando Dios pronuncia la sentencia:

«Apartaos de Mí»[5]. Si el cielo es un banquete nupcial, el infierno consiste en ser arrojado fuera[6]. Si el cielo es el hogar del Padre, el infierno es quedarse fuera, la tiniebla exterior[7]. El cielo es poseer la Vida y el infierno perderla[8]. Es muerte[9], y muerte interminable.

Una última consideración sobre el infierno. Casi siempre que Jesús habla del castigo eterno destinado a los réprobos lo hace mencionando únicamente pecados de omisión. El administrador tachado de infiel no hizo nada malo, no había despilfarrado el dinero recibido en préstamo; simplemente lo tuvo ocioso, no quiso negociar con él. Epulón no hizo nada malo, no maltrató a Lázaro; simplemente lo ignoró. Las vírgenes necias no desoyeron la invitación del esposo, solo que no llevaron provisión de aceite. El día del Juicio no se condena a nadie por haber robado el pan a otros o por haberse apropiado de las vestiduras ajenas: simplemente tuve hambre y no me disteis de comer, estaba desnudo y no me vestisteis.

---

[5] *Mateo* 25, 41.
[6] *Mateo* 22, 13.
[7] *Mateo* 8, 12.
[8] *Marcos* 8, 35.
[9] *Apocalipsis* 21, 8.

Nuestro examen de conciencia casi siempre versa tan solo sobre el mal que hemos hecho, algunas veces sobre lo mal que hemos hecho el bien. Pero nunca, o casi nunca, sobre el bien que hemos dejado de hacer.

28. VER A DIOS

Morir sin mancha alguna de pecado y libres de cualquier afecto al margen de Dios nos permitirá pasar de la agonía y la muerte al inefable gozo del encuentro. Entonces veremos a Dios. Hay quien lo ve *mox post mortem*, es decir, inmediatamente después de la muerte. Ojalá fuera ese nuestro caso.

La escolástica llama *visión beatífica* a ese "ver" a Dios. Es un término escueto, pero designa una realidad tan esplendorosa que sobrepasa cualquier imaginación o descripción humana. Tal expresión no significa otra cosa que ver a Dios con una visión que resulta incesante, arrebatadora y necesaria, de modo que nuestro entendimiento no podrá apartarse jamás de la esencia que contempla. Si la experiencia de Dios que logran los grandes místicos en esta vida es una visión oscura e imperfecta, ¿qué será verlo cara a cara, intuitivamente, como a pleno día? ¿Quién o qué podrá arrancarnos de la fuente de Belleza y Amor infinitos? Nada ni nadie: no se puede ver a Dios sin acabar unidos a Él irrevocablemente.

Ahora bien, nuestro grado de felicidad en el cielo dependerá del ansia que hayamos tenido por ver ese rostro. La emoción del encuentro único de la eternidad será proporcional al ardor con que hayamos aguardado ese instante, al anhelo de nuestro corazón por la unión con el Señor Jesús. Nuestra morada de la eternidad estará más o menos cerca de la fuente de todo Amor —que es el amor trinitario— precisamente en la medida de nuestro deseo, tal como explica san Ambrosio: «El gozo de tus santos será inefable, Señor. Se regocijarán cuanto te hubieren amado; te amarán cuanto te hubieren conocido»[1]. Por eso el mejor modo de vivir —que lleva al mejor modo de morir— es el de los místicos, de aquellos que hacen de su vida una hoguera de amor, con un grado tal de encendimiento que los lleva a «morir de amor»[2].

Hay, pues, una equivalencia entre el amor aquí y el amor allá. Comprendiendo así las cosas advertiremos por qué el cielo no es un lugar,

---

[1] *Proslogion*, c. 26.
[2] San Juan de la Cruz, *Cántico espiritual B*, c. 7, n.º 4.

sino un encuentro. El cielo es un encuentro, un encuentro de personas que se aman. «En el marco de la Revelación sabemos que "el cielo" o "la bienaventuranza" en la que nos encontraremos no es (...) un lugar físico entre las nubes, sino *una relación viva y personal* con la Santísima Trinidad. Es el encuentro con el Padre, que se realiza en Cristo resucitado gracias a la comunión del Espíritu Santo»[3].

La visión beatífica, por tanto, consiste en un "ver", o más propiamente, en un "ver amoroso". No se trata tan solo de la contemplación aséptica, como sería el caso del sabio que contempla una verdad científica, ni siquiera tampoco la contemplación estética del experto en arte. Es una contemplación que involucra toda la persona:

> Según los tomistas, la bienaventuranza consiste en la visión beatífica. Pero hay diferentes modos de ver. No es lo mismo ver un objeto que ver el rostro de una persona amada. Cuando contemplamos una joya, una porcelana o una obra de arte, tras un tiempo de admiración nuestra curiosidad queda satisfecha y pasamos a otra cosa. Después de haber visto mil veces el rostro amado, seguimos deseando verlo de nuevo.

---

[3] San Juan Pablo II, *Audiencia general,* 21-VII-1999.

El rostro de Dios no es solamente un rostro amado, es también infinitamente amable e infinitamente insondable[4].

«Muéstrame tu rostro», pidió Moisés a Dios[5]. Expresaba así una íntima aspiración que recorre toda la Escritura, el deseo más hondo y repetido. Cuando recita los salmos, el orante suplica una y otra vez al Señor poder contemplar «la luz de su semblante»[6]. Job recalca que quiere ver a Dios «con los propios ojos»[7]. En el Evangelio, el apóstol Felipe implora a Cristo: «Muéstranos al Padre y eso nos basta»[8].

Así, pues, el cielo es la contemplación de Dios. Pero demos un paso más. Dijimos que ese "ver a Dios" es un "ver amoroso". En lenguaje bíblico, "ver" es sinónimo de "poseer", de conquistar, de dominar aquello que se ve, porque al verlo se le ha puesto el sello propio. Dios nos ve haciéndonos suyos: la mirada divina nos envuelve y posesiona. Quizá por eso en el santo Evangelio se habla tanto del «ver» de Jesús, sus ojos

---

[4] José María Cabodevilla, *El cielo en palabras terrenas*, Paulinas, Madrid 1990, n.º 397.
[5] *Éxodo* 33, 18.
[6] *Salmo* 67, 2.
[7] *Job* 19, 26ss.
[8] *Juan* 14, 8.

eran extrañamente arrebatadores, casi irresistibles. Dios nos dará en la eternidad la capacidad de verlo y entonces, viéndolo, nos haremos uno con Él. "Ver a Dios" significa, pues, recibirlo o, mejor, ser recibidos por Él, ser introducidos en el mismo Dios: «En la Escritura, ver es poseer. El que ve a Dios obtiene todos los bienes que se puedan concebir»[9]. Comprendemos así que el cielo no es una especie de espectáculo, al modo de una representación teatral que observamos como espectadores. No: el cielo es intimidad, es "entrar" en el gozo del Señor, ser introducidos en su misma realidad.

Estamos haciendo sucesivas aproximaciones a la comprensión (hasta donde nos es posible) de lo que es el cielo, de lo que supone la visión beatífica. Podemos ya ahora extraer una maravillosa consecuencia: que la visión beatífica no se reduce a la mera visión intelectual de la esencia divina (como el científico que comprende una verdad, o el esteta que vibra con la obra de arte), sino que es en realidad *una verdadera posesión* de ella por el amor. La penetración que puede lograr el amor siempre llega más allá de la aproximación realizada por la inteligencia, porque el amor es fuerza unitiva: tiende a apropiarse de lo

---

[9] San Gregorio de Nisa, *beat.* 6.

que ama. En lenguaje coloquial lo expresamos, por ejemplo, al decir de una madre que contempla a su pequeño *comiéndoselo* con los ojos. Por eso la contemplación de Dios es un *mirar posesivo*. Con la vida contemplativa que puede adquirirse en la tierra el hombre logra desde aquí un adelanto del cielo, tal como ha ocurrido —dijimos— con los místicos. Contemplación y santidad son, pues, realidades equivalentes: «La universal llamada a la santidad es también —lo contrario sería absurdo— llamada universal a la contemplación»[10].

Esa visión de Dios no se asemeja a la visión de la tierra. Aquí, por muy grande que sea el placer y la alegría con que miro a algo o a alguien, por mucho tiempo que permanezca abismado en esa contemplación, lo único que retengo en mí es la imagen y el recuerdo de aquello. Pero la realidad contemplada queda fuera de mí; no puedo *perderme* en la cosa o en la persona amada. En la visión beatífica no recibiré una mera imagen de la esencia divina (que ya sería inconcebiblemente maravilloso) sino que esa misma esencia divina será la que inunde mi alma, vivirá en mí, como viven en mí mis pensamientos más míos y

---

[10] JULIÁN HERRANZ, *Atajos del silencio*, Rialp, Madrid 1995, p. 143.

mis afectos más íntimos. Dios me inundará con su Ser como la hoguera alberga la chispa, como el océano la gota. Habrá quedado resuelta para siempre mi "falta de ser".

¿Qué consecuencias se derivan de ello? Si Dios me envuelve, si Dios me absorbe, si es la Luz eterna la que me circunda, entonces también yo brillaré, pues la divinidad en mí resplandece. La ciencia infinita será entonces mi ciencia, y sabré todos los planes de la divina Providencia, veré los actores de la historia en su luz verdadera, conoceré las fuentes ocultas de todas las leyes de la naturaleza. Y lo veré todo no como lo ve el más iluminado de los científicos sino con el resplandor de la claridad eterna y con matices siempre nuevos. Si la Bondad infinita es mía, si tengo toda la felicidad posible, si el Amor sin límites es mío, las ansias de mi corazón serán colmadas no como mis amores de la tierra, amores entre sombras y velos, inquietos y llagantes, siempre insatisfechos. Aquí abajo la ausencia y la limitación nos duelen; allá todo suspiro será colmado. Aquí me confortan otros bienes, en el cielo Dios será mi único bien.

29. UN DOGMA POCO MEDITADO

QUE AL FINAL DE LOS tiempos todos los hombres resucitaremos con nuestros mismos cuerpos es, quizá, el dogma de fe menos meditado. ¿Hemos oído alguna predicación sobre este evento futuro, tan consolador? Meditándolo, sabremos también cómo consolarnos a la vista de nuestros muertos. Luego de depositar sus restos en la sepultura, esperamos gozosos que un día esos cuerpos, esos mismos cuerpos, en el estado de descomposición que sea, incluso si se hubieran volatilizado por una explosión, volverán a ser carne y sangre, huesos, músculos y tendones, y estarán animados por la vida superior del Espíritu de Dios.

Pero ¿*cuándo resucitaremos?* A esta pregunta podemos dar una respuesta precisa, aunque no directa. Resucitaremos (en caso de que estemos muertos, si no, «seremos arrebatados») en el momento de la Parusía, es decir, cuando aparezca de nuevo Jesús en la Tierra, lleno de gloria. Las palabras con las que san Pablo nos revela este misterio son explícitas: «El Señor en persona, al grito de mando, a la voz del arcángel y al toque de la trompeta de Dios, bajará del cielo, y los muertos en Cristo resucitarán primero; después nosotros los que vivimos, los supervivientes, junto con ellos, seremos arrebatados en las nubes al encuentro del Señor en el aire»[1].

Parusía significa la segunda venida, todavía futura, del Señor en gloria, diversa de la primera venida en humildad. La manifestación de la gloria[2] y la manifestación de la Parusía[3] se refieren al mismo acontecimiento. El término griego Parusía indicaba la entrada solemne y festiva de un príncipe o un emperador, especialmente para visitar una provincia. Tal efeméride solía ir más allá de la recepción del soberano, pues señalaba el comienzo de una nueva era. El pueblo entero salía de las murallas al encuentro del rey. Así

---

[1] *I Tesalonicenses* 4, 16-17. Con más sobriedad, pero con gran exactitud técnica, el Apóstol repite lo mismo en el citado texto de Corintios: «Como todos mueren en Adán, así en Cristo todos volverán a la vida; pero cada uno en su propio orden: la primicia, Cristo; después los de Cristo en su Parusía» (*I Corintios* 15, 22-23).

[2] Cf. *Tito* 2, 13.

[3] Cf. *II Tesalonicenses* 2, 8.

218

nosotros saldremos —seremos arrebatados—, al encuentro del Señor, para comenzar la nueva era de su reinado definitivo.

Hablando en la sinagoga de Cafarnaúm, Jesús establece claramente la simultaneidad entre ambos hechos: «El que come mi carne y bebe mi sangre, tiene vida eterna, y yo *lo resucitaré en el último día*»[4]. Nos resucitará *en el último día,* en esa vida eterna que tenemos *ya ahora* por la comunión con su Cuerpo y su Sangre. Jesús establece también la equivalencia entre "último día" y "juicio": «El que me rechaza y no acepta mi palabra, ya tiene quien *lo juzgará*: la palabra que Yo he hablado, ella será la que lo condenará, *en el último día*»[5]. Parusía, resurrección, juicio: eventos sucesivos que tendrán lugar *en el último día* de la historia humana, día en que comienza también la nueva época. Todo ha sido inaugurado por la solemne entrada de un Rey que viene a tomar posesión definitiva de su reino, que somos nosotros, la herencia que su Padre le prometió.

Sí: volveremos a ver a nuestros deudos en la perfección de su ser corporal. Dogma, decíamos, consolador y muchas veces impugnado. ¿Cómo será posible que resucitemos con

---

[4] *Juan* 6, 54.
[5] *Juan* 12, 48.

nuestros propios cuerpos por ejemplo si nos han devorado los tiburones, o hemos sucumbido bajo una bomba atómica? El poder de Dios es infinito, y a Él le bastará —por emplear un término filosófico— tomar nuestra forma sustancial —es decir, nuestra alma espiritual e inmortal— e infundirla en cualquier tipo de materia, como hizo con Adán al crearlo. Pero será nuestro mismo cuerpo, numéricamente el mismo, porque nuestra materia viene determinada por su forma sustancial.

La identidad entre el cuerpo muerto y el cuerpo resucitado impregnó el lenguaje cristiano primitivo. Ellos dejaron de emplear el término *necrópolis* (ciudad de los muertos), sustituyéndola por *cementerio*, es decir, dormitorio. Habla así el Crisóstomo: «También por eso se ha llamado al mismo sitio cementerio: para que aprendas que los muertos, aquellos que están colocados aquí, no están muertos, sino que están adormilados y duermen»[6]. Lo mismo puede decirse de la palabra latina *depositio*, sumamente característica de las tumbas cristianas, que equivale a "depósito", sobre el cual Cristo conserva

---

[6] *Homilia in coementerii appellationem,* 1: PG 49, 393. Nótese que la expresión "aquellos que están colocados aquí" solo puede referirse a los cadáveres.

el derecho de recuperarlo para volverlo a la vida y a Dios.

Los primeros cristianos, conscientes de que la Parusía constituye el triunfo definitivo de la vida y el amor divinos, oraban fervientemente para que tuviera lugar cuanto antes. *Marana-tha = Señor nuestro, ven*, es la súplica de san Pablo en el saludo autógrafo de despedida con que ha querido cerrar la primera carta a los Corintios[7]. La misma expresión, con idéntico sentido, reaparece en el escrito cristiano más antiguo fuera del Nuevo Testamento, la *Didaché,* obra de finales del siglo primero: «¡Venga la gracia y pase este mundo! (...) *Marana-tha*»[8].

Ahora bien, la expresión aramea *Maranatá* puede entenderse en un doble sentido: *maran-athá,* (=el Señor nuestro ha venido), o *marana-thá* (=Señor nuestro, ven). En el primer caso tendríamos una profesión de fe en la venida, ya realizada, del Mesías; en el segundo, una

---

[7] *I Corintios* 16, 24. La inesperada aparición de unas palabras arameas en una carta escrita en griego y dirigida a destinatarios de lengua griega presupone que la expresión era previamente conocida, quizá procedente de una fórmula litúrgica de la primitiva Iglesia Madre de Jerusalén. Lo mismo se aplica a la liturgia de la *Didaché* que se menciona enseguida.

[8] *Didaché* 10, 6.

oración que pide que la Parusía se acelere. Los manuscritos griegos del Nuevo Testamento presentan la palabra aramea sin división, sin ninguna indicación que permita decidir cómo debe separarse. La opinión más usual entre los exégetas es la segunda, ya que resulta más concorde con el contexto del amor al Señor, que pide su vuelta. Así aparece con fuerza en los últimos acordes del Nuevo Testamento: «El Espíritu y la Esposa dicen: ¡Ven! El que está oyendo diga: ¡Ven! Dice el que atestigua estas cosas: Sí, vengo rápido. ¡Amén! ¡Ven, Señor Jesús!»[9]. La petición para que la Parusía venga pronto responde al encargo del mismo Jesús que en el Padrenuestro nos enseña a pedir *venga a nosotros tu Reino*.

Para concluir estas líneas sobre la resurrección de los muertos, nos preguntamos: ¿Por qué hemos de resucitar? ¿No nos bastaría permanecer para siempre como almas separadas, gozando de la visión de Dios?

En realidad, resulta muy coherente pensar que resucitaremos porque el hombre no es solo su alma separada, sino que es esa alma unida a su propio cuerpo. Quien vive es la persona, y a la persona le pertenece la corporeidad. La persona no *tiene* un cuerpo; *es* cuerpo o, mejor,

---

[9] *Apocalipsis* 22, 17. 20.

es corporeidad. «Anima tantum non est homo», enseñó santo Tomás[10].

En el dogma de la resurrección de la carne la Iglesia, en apariencia enemiga del cuerpo, entona un himno al cuerpo y lo pone en estrecha relación con lo divino. El cuerpo no es solo lo somático, sino que tiene que ver con el cielo, es decir, con Dios. El cuerpo tiene que ver con el cielo porque tiene que ver con lo humano del hombre, ya que a él pertenece de modo irrenunciable. La exaltación del cuerpo en la sociedad contemporánea amenaza con deshumanizarlo, haciendo de él una cosa en sí, al margen de su totalidad. Solo si el ser del hombre es comprendido integralmente, queda abierto al futuro.

---

[10] *Suma Teológica* I, q. 75, a. 4c.

30. ¿Y CUANDO TODO TERMINE?

Dijimos que al fin de los tiempos tendrá lugar la Parusía, es decir, la nueva y triunfante aparición de Jesucristo para llevar a plenitud consumada lo que inició con su encarnación, muerte y gloriosa resurrección. Y como Jesucristo es la norma original y definitiva, el fundamento y el centro que otorga sentido a toda la realidad, al final todas las cosas serán medidas por Él y en Él: ante Él seremos juzgamos todos los hombres de todos los tiempos en un juicio universal[1].

Ante Él quedará patente la verdad definitiva sobre Dios y sobre nosotros mismos porque Él, Jesucristo, es *la Verdad* en persona. Entonces triunfará también la justicia en ese juicio universal. Ese juicio lo presidirá Jesús con gran poder y majestad, en el trono de la justicia divina, que sustituirá a la Cruz, trono de su infinita

---

[1] Cf. *Hechos* 10, 42 y otros.

misericordia. El juicio final no producirá cambios en relación con nuestro destino eterno. Ya habremos pasado el juicio particular; nuestra alma estará ya en el cielo o en el infierno. Ahora nuestros cuerpos resucitados compartirán con el alma su destino.

El motivo del juicio final es, en primer lugar, dar gloria a Dios, al manifestarse ante la humanidad entera su justicia, sabiduría y misericordia. Veremos que el poder y la ciencia de Dios, su amor y su clemencia, han estado moviendo todos los acontecimientos, aun aquellos que parecían más contrarios a sus atributos. La sentencia que recibimos en el juicio particular será ahora confirmada públicamente. Todos nuestros pecados —y todas nuestras buenas obras— se expondrán ante la humanidad. Veremos entonces que la justicia de Dios es tan infinita como su misericordia, y las almas de los condenados, a pesar de ellos mismos, darán testimonio eterno de esa justicia, así como las almas de los justos glorificarán para siempre su misericordia.

El Nuevo Testamento cita algunas señales que podrían ayudarnos a hacer una predicción del último día: tribulaciones graves (guerras, hambres, terremotos, persecuciones); predicación del Evangelio en todo el mundo; apostasía y aparición del Anticristo[2]. Sin embargo, es importante comprender rectamente esas señales: resulta imposible calcular la fecha de la segunda aparición del Señor, acerca de la cual se nos ha dicho claramente que «en cuanto a ese día o a esa hora, nadie la conoce... solo el Padre»[3]. Ese día vendrá como un ladrón en la noche, cuando nadie piense en ello[4]. Una mirada a la historia nos muestra con toda claridad que tales signos, bajo múltiples formas, se han dado siempre en este mundo que camina inexorablemente a su consumación, y tienen la función de exhortarnos a una vigilancia constante[5].

Otra señal del fin del mundo es la conversión de los judíos al fin de los tiempos[6]: «La entrada de la plenitud de los judíos en la salvación mesiánica (...) hará al Pueblo de Dios *llegar a la plenitud de Cristo* (Ef 4, 13)»[7]. La esperanza escatológica

---

[2] Cf. *Marcos* 13 y paralelos; *II Tesalonicenses* 2, 1-3; *Apocalipsis* 13; *II Juan* 7; *Romanos* 11, 25-32.

[3] *Marcos* 13, 32; cf. *Hechos* 1, 7.

[4] Cf. *I Tesalonicenses* 5, 2-3; *II Pedro* 3, 10.

[5] Cf. *Marcos* 13, 33-37.

[6] «No quiero, hermanos, que ignoren este misterio, no sea que presuman de sabios: el endurecimiento parcial que sobrevino a Israel durará hasta que entre la totalidad de los gentiles, y así, todo Israel será salvo» (*Romanos* 11, 25-26).

[7] *Catecismo* 674.

se funda en que, cuando los pueblos se reúnan de todos los confines y se establezca la paz universal, todos, incluyendo a Israel, reconocerán al único Mesías, Jesucristo.

¿Qué sucederá luego del juicio universal, una vez que los justos hayan sido restablecidos, ya con su cuerpo y alma unidos? Sabemos que sus almas estarán gozando de la visión de Dios, indefectiblemente unida con Él por el conocimiento y el amor, y sus cuerpos poseerán las dotes de la gloria. Ahora bien, ese hombre nuevo, ¿dónde habitará?

Nos ha sido revelado que, al final de los tiempos, el mismo universo será renovado: este mundo material creado para el hombre, maldecido por culpa de él, participará de la liberación de los rescatados, siendo morada propicia para los cuerpos gloriosos.

Al hombre resucitado —que poseerá entonces un cuerpo glorioso—, le es preciso un mundo también resucitado, es decir, transformado, glorificado. No será un mundo etéreo o inmaterial; al contrario, tendrá más consistencia y realidad que el mundo presente. Si el cuerpo resucitado es, en comparación con el cuerpo mortal, lo que este es comparado con su sombra, del mismo modo el mundo futuro será respecto a nuestro mundo actual lo que un globo terráqueo es con relación a un mapamundi. Concisamente lo expresó san Cirilo de Jerusalén: «Pasará este mundo para que exista otro más hermoso»[8].

El mundo futuro será, pues, el mismo que hoy existe, así como los cuerpos resucitados serán los mismos que fueron mortales. Pero todo estará provisto de otra dimensión, de otra conformación, que nos resulta inimaginable. ¿Podemos acaso imaginar un mundo de cuatro dimensiones, o un movimiento donde no exista el tiempo?

Esa restauración del cosmos se hará en Cristo y por Cristo, y solo entonces llegará a plenitud la realización definitiva del designio de Dios de «hacer que todo tenga a Cristo por Cabeza, lo que está en los cielos y lo que está en la tierra»[9]. Tal proceso recibe el nombre de *Anakefalaiósis,* palabra griega que significa "proceso a través de la Cabeza", y que manifiesta la transformación de todo el cosmos para participar de la gloria de Cristo, Dios y Hombre, alfa y omega de toda la creación.

Si antes la historia entera estaba orientada hacia Cristo, a partir del triunfo de la resurrección de Jesús todo se difunde y se desarrolla en Él y desde Él, hasta que un día se alcance por fin la transfiguración completa de todo lo creado. En

---

[8] PG 33, 871.
[9] *Efesios* 1,10.

la humanidad santa del Señor resucitado quedará inmolado el viejo mundo y consagrado el nuevo. Hasta la creación inanimada, que a raíz del pecado de nuestros primeros padres fue sometida a maldición[10], ha de tomar parte en la felicidad del hombre: «La creación está aguardando con ardiente anhelo esa manifestación de los hijos de Dios; pues si la creación fue sometida a la vanidad, no fue de grado sino por la voluntad de aquel que la sometió; pero con esperanza, porque también la creación misma será liberada de la servidumbre de la corrupción para participar de la libertad de la gloria de los hijos de Dios»[11].

Esto es así porque en el seno mismo de la Trinidad, allí donde la inmutabilidad parecía ley absoluta, se ha producido el prodigio que nos llena de estupor: hay ahora un cuerpo material y un alma espiritual en la unidad del único ser de Cristo, Dios verdadero y verdadero Hombre. El cosmos se ha transformado en cielo porque una mínima parte suya penetró en la gloria; Cristo está en el corazón de la materia, Cristo es el corazón del mundo.

---

[10] Cf. *Génesis* 3, 17.
[11] *Romanos* 8, 19-21.

Esta fe en la *Anakefaleoisis*, esta convicción profunda de que todo el cosmos será misteriosamente trasformado en Cristo, la expresan los monjes del monte Athos con una costumbre llena de significado: cada mañana, al levantarse, aplican el oído al suelo para escuchar los latidos del corazón de Cristo.

La historia del mundo culminará en la plena irradiación de la luz del Verbo, pensamiento único del Padre, su Palabra sustancial, su arte creador y recreador del universo, su Hijo amadísimo en quien encuentra Él una felicidad infinita. Entonces, con esa claridad iluminadora, con esa luz de gloria, nos convertiremos en Dios por su Hijo. También nosotros, como el Padre, el Hijo y el Espíritu Santo, lo veremos todo en esa luz de gloria. ¿No fue Jesús mismo quien nos dejó esta esperanza consoladora? «Padre, Yo quiero que los que Tú me diste estén siempre conmigo, donde Yo estoy, para que vean mi gloria»[12]. Cuando este mundo termine, todo se consumará en el Verbo, a quien contemplaremos sin velos, sin mediación de criatura alguna, cara a cara, en el pensamiento mismo del Padre, numéricamente el mismo: «Seremos Dios como Dios, no por identidad de substancia ni en la

---

[12] *Juan* 17,24.

igualdad de las Personas, sino en la participación de una misma naturaleza divina, por la gracia, según nuestro grado de amor aquí abajo»[13].

Así terminará la historia del mundo, cuando el último de los elegidos entre por la visión en la posesión definitiva de Dios. «Entonces Dios será todo en todos»[14], y la multitud de los elegidos, consumados en la Unidad de la Trinidad, contemplarán a Dios en el Verbo, lo amarán en el Espíritu Santo y lo glorificarán con todos los ángeles del cielo y con toda la creación inanimada.

---

[13] M. M. PHILIPON, *Los dones del Espíritu Santo,* Palabra, Madrid 1984, p. 400.
[14] *I Corintios* 15, 29.

ESTE LIBRO, PUBLICADO POR

EDICIONES RIALP, S. A.,

MANUEL URIBE, 13-15, 28033 MADRID,

SE TERMINÓ DE IMPRIMIR

EN ARTES GRÁFICAS ANZOS, S. L.,

FUENLABRADA (MADRID),

EL DÍA 9 DE JULIO DE 2024.